釜石の奇跡

どんな防災教育が子どもの“いのち"を救えるのか?

311的釜石奇蹟

日本大地震中讓孩子全員生還的特別課程

NHK特別採訪小組

著

崔立潔　譯

目次

員工當中產生的變化

「經營學之神」分析「釜石奇蹟」

後記

迎向未來

序言

從東京搭乘東北新幹線約莫兩個半小時，在新花卷站轉乘JR釜石線，再繼續在電車內搖晃個一個半小時左右，就會抵達終點站釜石。

一走出車站，眼前立即出現廣為人知的日本最古老製鐵所——新日鐵住金釜石製鐵所，在這對面是一望無際的釜石灣。製鐵所的高爐在一九八九年關閉，目前已未進行製鐵的一貫作業，儘管如此，釜石的孩子們依然被教育自己的故鄉是「鐵與魚之鄉」。

從釜石站步行約十分鐘左右，有個市立釜石小學。這所小學位處高臺，同時也被指定為是釜石市的避難所，即使在日本三一一強震中也未遭受海嘯的侵襲，因此只要待在學校就是安全的。但強震當天，釜石小學的一百八十四個孩子們，由於學期末縮短上課時間，上午就結束課程了，下午一點鐘放學。留在學校裡的孩子就只有準備畢業典禮等幾名六年級和五年級生，幾乎所有的孩子們都脫離學校的管理，回到家中。

大多數的孩子都居住在市政府和商店街所在的海邊小鎮。有才一到家就把書包扔了往朋友家跑的孩子，有想去釣魚正往海邊走的孩子，也有一個人看家在房間裡玩電動的孩子，各自隨著自己心意在喜歡的地方度過自由的放學時光。而震央位在三陸海域、芮氏規模九點〇的強烈地震發生的時刻，就是在這樣的時間。

事實上兩天前的三月九日，也曾發生震央在三陸海域、芮氏規模七點二的地震。雖然氣象廳也有發布海嘯注意警報，不過由於地震是發生在上午十一點四十五分，也是學生還在校的時間，因此孩子們可以按照老師的指令行動。

但這次是發生在放學後，沒有老師在；爸爸和媽媽去上班，也不在。在沒有大人的情況下，面對持續約三分鐘，又長、又強烈的天旋地轉，孩子們恐懼得不斷顫抖，彼此握住手、邊互相鼓勵邊忍耐。在這場從未經歷過的搖晃中，有不少孩子也哭了出來。

然而，真正的危機卻在搖晃漸歇後來襲。

大海嘯侵襲釜石城鎮的時間點，是在地震發生三十五分鐘之後的日本時間下午三點二十一分。海嘯越過堤防，轉眼間水量急遽增加，吞噬了城鎮。

「那裡有人溺水了！」

「不要冒險過去救啊！」

在高處避難的人們，只能呆呆凝望著眼前景象。

釜石小學的老師們，也從學校注視著這宛如惡夢般的場景。

「孩子們不知道怎麼樣了？」「那個孩子和那個孩子直到剛才都還在學校，現在可能還在回家途中啊！」「這麼說起來，那群孩子今天說要去釣魚……」

老師們的腦海中浮現出一張張孩子們的臉龐，一邊不斷祈禱「拜託，快逃！」。

沒多久，用毛毯包裹住的遺體被搬運進校園裡，前來學校避難的人們當中，也開始傳出「在郵局前，看見有穿著釜石小學體育服的小女孩被沖走」這樣的傳言。在這場大海嘯中，只靠著孩子的一己之力，是否有辦法挺過危難活下來呢……？隨著時間一分一秒過去，絕望感逐漸在老師們之間蔓延。

不過「奇蹟」卻發生了。

一百八十四個孩子們，靠著自己的力量在大海嘯中存活下來了。

搖晃才一停歇，原本在釣魚的孩子就和夥伴們商量，逃往附近最近的高臺；在家裡看家的孩子沒有等待媽媽回家，而是一個人前往避難場所；「因為學校教導我們，地震之後會有海嘯來襲，即使自己一個人也要快點逃走」，這是一個小學一年級男孩告訴我們的。

更了不起的是，孩子們不只救了自己，也拯救了家人的性命。一名當時才四年級的男生，讓幼稚園的弟弟穿上夾克，緊緊牽著弟弟的手逃跑。

也有三年級的女生，面對笑著說：「海嘯才不會來呢！」執意留在家裡的祖父母，努力說服他們：「留在這裡大家都會沒命的！」，並帶著大家往高臺跑。

也有分別是六年級和二年級的一對兄弟，想起自己學過「即使是五十公分高的海嘯也能把人沖走」，不是跑上高臺而是逃到自家屋頂上面臨九死一生的命運。

在釜石市有超過一千人死亡或失蹤，但釜石小學的孩子們當中，卻沒有任何一個人成為罹難者。

只要將這個事實講給家有相同年紀孩子的家長們聽，就會聽到不少家長混雜著嘆氣聲邊說道：「我家小孩傻傻的，才不可能這麼做呢。」或者是「到底是怎麼做才能讓他們採取這麼優秀的行動呢」之類的話語。但是，釜石小學的孩子們絕非是一群特別的小學生，而是隨處都可以見到、極其平凡的孩子們。有忘記寫作業，老是被老師責罵的男孩，也有很害羞、不太能將自己意見完整表達的女孩。

然而這群孩子和其他孩子最大的不同就只有一點，那就是他們在學校曾接受保護生命的防災教育。他們被反覆教導當面臨危險時，並非等待老師下達避難指令，而是由自己去判斷逃生。

釜石市在過去曾數度遭受海嘯侵襲。發生在一八九六年的明治三陸海嘯中，讓當時人口數一萬兩千六百六十五人中有六千四百七十七人不幸罹難，這個數字超過總人口數的半數以上；一九三三年的昭和三陸海嘯中，也造成死亡、失蹤人數超過四百人；而一九六〇年智利大地震所引發的海嘯中，也造成了房屋損毀等嚴重災情。

從這樣的事件中，雖然有加強堤防等硬體面的擴充，但另一方面在教育現場對於海嘯的意識卻仍然不高。

再這樣下去萬一發生什麼狀況會保護不了孩子的性命，於是從二〇〇四年前後，釜石市教育委員會開始致力於中小學的防災教育。一方面仰賴專家的指導，另一方面集合各學校的老師們，為海嘯防災教育製作指南。也有學校自行展開避難訓練。

紮實的防災教育徹底發揮作用，釜石市多達三千人的中小學生，幾乎所有人都從意想不到的巨大災難中存活下來了。這個事實被視作「釜石奇蹟」，在日本國內外受到極大的矚目。由於「孩子們的生存率高達九十九點八％」這個標題被媒體廣為採用，因此想必有許多人也曾聽過吧。

然而，有件事還是必須要說明，雖說釜石的孩子們「幾乎所有人」都平安獲救，但很遺憾的，還是有五個孩子不幸罹難，他們都是因病缺席等原因，不在學校管理下的孩子們。罹難孩子們就學的學校老師們滿懷懊悔，對我們說「希望不要再說是奇蹟」，而我們自己在報導的現場，對將孩子的性命以「存活率九十九點八％」這樣的數字來表現，也有著強烈的抗拒感。

但瞭解釜石孩子們的行動，為了把守護生命的教訓持續傳承到未來，我們認為「奇蹟」這個字眼是有意義的。「存活率九十九點八％」並非是「奇蹟」，正因為在那樣巨大的災難中孩子們能憑著自己的力量生存下來，這個事實才是充滿奇蹟的，這難道不應該繼續流傳於後世嗎？就是那樣的想法，我們NHK採訪小組，從震災發生之後開始歷經一年半的時間持續往返釜石。

孩子們為什麼能夠引發「奇蹟」呢？我們以一百八十四名學童全數獲救的釜石小學為中心進行採訪，製作出close-up現代「我們在大海嘯中存活下來」（二〇一二年一月七號播放）、以及NHK Special「釜石『奇蹟』——守護生命的特別課程」（二〇一二年九月一日播放）等節目。我們採訪了那一天，釜石小學的孩子們想到什麼、是怎麼採取行動的，傳達出誕生這場「奇蹟」的背景。節目共榮獲世界傳媒大獎（德國）、國際艾美獎（美國）、芝加哥國際影展電視獎（美國）、放送文化基金賞（日本）、日本賞（日本）、以及四川電視節（中國）等，在日本國內外各式各樣的競賽中入圍或獲獎。

本書是以這兩個電視新聞節目為基礎，包含在節目中無法完整呈現的細節，以及在節目播出後採訪的內容，重新審視「釜石奇蹟」。

前半部兩個章節，是採用釜石小學的孩子以及老師們關於「那一天」的回憶。

第一章透過對孩子們與家人的訪談，描繪出那一天孩子們的姿態。「雖然回憶海嘯那天的細節很痛苦，但藉由傳遞自己的經驗，如果就能減少別人的犧牲，就算只多救一個人那也好」。基於這樣的想法，孩子們回應了我們的採訪。我們希望透過這一章，能夠讓讀者理解孩子們所傳達的訊息。

第二章則是追尋釜石小學老師們的「三一一」。老師們眼見朝著鎮上席捲而來的大海嘯，產生了「孩子們可能已經不行了……」這樣的絕望感。老師們越過堆積如山的瓦礫堆前往確認學生們的安危，在得知「一百八十四人，全員平安！」這欣喜的瞬間，以及之後為讓學校重新復課的奮鬥歷程，我們都做了統整。

第二部分的第三章及第四章當中，我們將介紹關於釜石市進行的防災教育。如前所述，雖位處海嘯時常侵襲的地帶，但釜石市以往幾乎不曾實行海嘯相關防災教育。造就出這場「奇蹟」的防災教育是如何推展開來的呢？第三章中，我們要來看看擔任指導釜石市防災、危機管理顧問的群馬大學片田敏孝教授的努力，接著在第四章中，也試著瞭解以片田教授的理論為基礎，釜石小學實際上對孩子們進行指導的防災教育。

這兩章我們希望學校的老師們務必閱讀。自日本三一一大地震之後，眾人雖疾呼防災教育的必要性，但在close-up現代、NHK Special的節目播放之後，製作單位收到了許多信件，內容多是「我沒有自信能像釜石小學的老師們那樣，教導孩子們生存的能力」。我們正是希望多少能夠幫助在這樣教育現場的各位，減少些許煩惱或不安，才會著手編寫本書。

第五章中，我們觸及了宮城縣石卷市的大川小學。大川小學在海嘯中共有七十名學童喪生，四名孩子至今仍下落不明。我們在震災過後半年的二〇一一年九月十四日close-up現代節目中，播放了「巨大海嘯侵襲小學：石卷．大川小學的六個月」，針對為何在學校的管理下，還是有許多孩子喪失性命這一點進行驗證。我們把咸認為是三一一東日本大地震中「最大悲劇」之一的大川小學，以及一百八十四名兒童全員獲救的「釜石奇蹟」做出對照。對於在這兩個現場進行採訪時所感受到的想法，以及同為小學卻分別成為「奇蹟」與落入「悲劇」的原因，我們嘗試針對在教育現場應學習到的教訓進行研究。

第六章及第七章中整理了「釜石奇蹟」的延伸。震災後，像是要延續釜石的經驗般，修正防災教育應有的狀態、進行獨創災害對策的學校正在增加中。這樣的結果不只是防災力，有些學校就連學習能力也都有所提升。

此外，「釜石奇蹟」不僅侷限在教育現場，也備受各種業界矚目。認為要從「釜石奇蹟」中學習在面對危機時自律性行動的態度，這樣的想法也逐漸在財經界中擴散開來。我們將介紹由「釜石奇蹟」所觸發而展開行動的兩個努力案例。

我們還採訪了一橋大學的名譽教授野中郁次郎先生，被譽為是「經營學之神」的他對「釜石奇蹟」有非常高的評價。他為我們從風險管理的觀點分析「釜石奇蹟」誕生的背景。

許多人都對「釜石奇蹟」非常感興趣。然而有一天，釜石小學一名六年級的男孩，卻略表不滿地告訴我們：

「震災後，全國的人們都將我們的遭遇稱之為『釜石奇蹟』，但我覺得這不太正確。我們是因為執行了學校所學而保住性命，所以所有人獲救並不是奇蹟，而是實際成果。」

這是多麼一針見血的指正啊！的確就如同這個男孩所言，那天釜石的孩子們並非做了什麼特別的事，「地震後馬上前往高臺避難」他們就只是採取這樣理所當然的行動而已。

這麼簡單的事，為什麼成為大人之後反而做不到呢？在此期待各位讀者能夠在回顧反省自己態度的同時，閱讀本書。

第一部

我們從大海嘯中生存下來

第一章

那天的孩子們

岩手縣的釜石小學，是位在距離海邊大約一公里遠的高臺上的一所小規模小學。二○一一年三月當時的學童人數為一百八十四人，從一年級到五年級每個年級各一班，六年級則有兩班。孩子們自小就熟識，是連彼此的兄姊、家人都互相認識的關係。

日本時間三月十一日下午兩點四十六分，發生震央在三陸海域的強烈地震，釜石小學學區內遭受震度五強至六弱[1]的強烈搖晃襲擊，搖晃時間大約三分鐘左右。運氣很不好的是，這一天釜石小學由於學期末縮短上課時間，幾乎所有孩子們都已經放學，不在學校的管理範圍內了。而且超過半數的孩子們都位處海嘯襲來的淹水潛勢[2]內。

這些孩子當中，有獨自一人看家的孩子、有和朋友相約一起去釣魚的孩子、以及去打棒球的孩子等，不在大人視線範圍內遊玩的孩子並不在少數。儘管如此，所有孩子們卻發揮出令大人汗顏的判斷力儘早避難，並讓所有人平安在嚴重災害中生存下來。

1　震度五強至六弱：日本氣象廳震度等級是一套具體描述特定位置搖晃程度的系統，五強至六弱代表人會受到相當驚嚇，難以走動，甚至難以站穩；輕型家具或有軌道者滑開，甚至重型家具會移動、倒塌等等現象。以台灣交通部中央氣象局地震震度分級而言，約在五級至六級。

2　災害潛勢：指特定地區受自然環境等因素影響所潛藏易致災害之機率或規模。

釜石小學的孩子們，在那一天到底是想到了什麼？又是怎麼行動才得以保全性命呢？為了將記錄流傳後世，我們取得老師們和監護人諸位的協助，決心匯集孩子們的證詞。我們的採訪從震災之後一直持續到二〇一二年八月，訪問了超過五十名孩子。

從他們的言談中浮現的是，遠遠超過我們想像的「生命的劇本」。孩子們在竭盡全力鼓起勇氣、互相幫助、彼此扶持的同時，也保全了自己、家人、及同伴的性命。

在這一章中，我們將介紹數個小故事。為了讓讀者能夠瞭解孩子們的心境變化或直接的想法，我們決定盡可能完整保留、記錄下訪問時的說話語氣。此外，如果沒有特別註明，文中提到的孩子們的學年和年齡就是震災發生那年的資料。

CASE 1 保護年幼弟弟性命的拓馬小弟弟

在一百八十四個孩子當中，我們最先採訪到的是篠原拓馬小弟弟（小四）。雖說拓馬小弟弟「不太擅長讀書」，不過卻是個熱愛棒球的運動小健將。在班上是個開心果，大家都暱稱他「小拓」，表情生動豐富，是個很可愛的小男孩。

在三兄弟中排行老二的拓馬小弟弟，與雙親以及祖父母共七個人一起生活。震災前的家，就位在距離海邊步行約五分鐘的地方，是很雅致的木造三層樓房屋。

根據他的祖母明美女士（六十六歲）表示，平常的拓馬小弟弟，從學校放學回家常把書包一扔就跑出去玩了，但那天他非常罕見地哪裡都沒去。他決定要和因為感冒從幼稚園早退的弟弟颯汰（六歲）一起玩電動。雖然拓馬小弟弟說「就那麼剛好那天沒跟任何人約了要去玩」，但這個巧合，卻演變成拯救了颯汰小朋友和明美女士性命的結果。

地震發生當時由於雙親和祖父都外出工作、哥哥去同學家玩，留在家裡的就只有明美女士、拓馬小弟弟和颯汰小弟弟三人。拓馬小弟弟和颯汰小弟弟在客廳裡，明美女士在廚房時，一陣劇烈的搖晃突然來襲。

颯汰小弟弟因為驚恐，衝向人在廚房的明美女士身邊，但拓馬小弟弟卻是立刻鑽進暖桌下保護自己的頭部。這是因為在學校他學會「要是感覺搖晃就要保護頭部」。

篠原拓馬小弟弟（右）與颯汰小弟弟（左）

拓馬小弟弟的祖母明美女士

兩天前的三月九日也曾發生地震，但因為當時的搖晃很快就平息了，所以拓馬小弟弟認為這次也不會有問題吧。沒想到這樣的搖晃卻完全沒有要停歇的跡象。

「感覺地面好像在轉圈圈。我從暖桌棉被的縫隙往外看看是什麼狀況，就看到咖啡杯啪啦啪啦地破掉。真的好恐怖。我忍不住去想，自己住的地方到底會變成怎麼樣……」

過了一會兒搖晃幅度變小，拓馬小弟弟趕緊跑到廚房裡明美女士和颯汰小弟弟的躲藏之處，然而在這之後搖晃幅度又再度開始變大。躲在餐桌下的明美女士死命抱著兩個孫子。

「我抱著兩個孫子，不斷在想到底該怎麼辦……。我一直告訴他們快要結束了、沒關係的、要加油、保護頭部，我們藏身在餐桌下狹小的空間不斷努力。我雖然這樣說，但實際上我才是最害怕的。因為搖晃的時間真的好漫長啊……」

明美女士邊掉眼淚邊說出這段話。只要一回想起當時情景，明美女士因為恐懼，到現在依然淚流不止。

漫長的搖晃終於停歇，三人從餐桌下爬出來。明美女士因為驚嚇恍神，暫時無法起身，颯汰小弟弟也因為驚嚇，緊緊抓著明美女士不放。

但是，拓馬小弟弟完全不同。

他立刻出聲把颯汰小弟弟帶去客廳，開始幫他穿上夾克。

「要逃跑到高臺上！因為地震規模這麼大海嘯一定會來！不趕快逃跑大家都會沒命的！」

拓馬小弟弟這麼喊著，自己也穿上夾克。

「我只是呆若木雞、什麼也做不了，但拓馬卻是馬上說：『颯汰，要走了！』，並幫弟弟穿上夾克。接著又喊：『祖母！』他對著我說：『祖母也要一起走！』我問他：『咦？要去哪裡？』他回答要去避難道路。他說海嘯要來了。啊，是喔，總之趕緊先爬上避難道路。然而該做些什麼才好，我卻無法馬上行動，像是避難包之類的物品，雖然確實地收在走廊，但當下卻完全沒想到。總之就是先穿上夾克，拿著包包。然後我在門口穿鞋子時，小拓已經帶著颯汰爬上往避難道路的階梯了。動作真的很快。嗯，我覺得真的很了不起。」

釜石市過往曾數度遭受海嘯侵襲，在山的斜坡上修建了被稱作「避難道路」的緊急避難地點。為了當有發生海嘯的危險時能立刻爬上去，到處都有階梯。在拓馬家的旁邊也有階梯。

穿好夾克做好避難準備的拓馬小朋友，迅速將重要的遊戲機塞進包包裡（明美女士對他說「馬上就會回來了，不用帶著遊戲機啦」，結果他把遊戲機放下來）。接著一穿好鞋，他就帶著颯汰小弟弟一起往避難道路走，跑上階梯。像是受到拓馬小朋友引導般，明美女士也往避難道路走去。

媽媽智子女士說，在三個孩子當中，她最擔心的就是拓馬。她不覺得平常老愛開玩笑的拓馬，有辦法確實去避難。「我覺得排行老大的哥哥，會自己判斷去避難，而祖母會幫忙帶著颯汰，但我真的不知道小拓會怎麼樣。要是他跑到海邊玩逃不掉的話要怎麼辦？我真的擔心得不得了……。但這樣的小拓不但自己逃跑，還帶著颯汰一起逃。當我聽到祖母說：『能獲救都是因為小拓的功勞』時，真的非常驚訝。」

祖母明美女士也說：「去到避難所終於鬆一口氣時，我謝謝拓馬說『都是因為小拓喊我，祖母才會獲救的』。我一直不斷感謝拓馬：『都是小拓的功勞才能去避難呢，真的很謝謝你。』」

聽到媽媽和祖母兩人這樣說有點害羞，拓馬這樣告訴我們：「我真的很拚命，因為我是出生以來第一次對大人下命令。雖然我會想說要是我沒聽祖母的話帶著遊戲機逃跑就好了，不過大家都能獲救真的太棒了。」

拓馬小弟弟拯救了颯汰和明美女士的性命。才十歲大的他為什麼能夠迅速確實的做出行動呢？雖然拓馬小弟弟說「我國文很差沒辦法講得很清楚」，但從訪談中我們瞭解了兩個理由。

其一，是在學校進行的避難訓練。這個部分我們將會在第四章詳述，但在釜石小學，避難訓練是設定地震或海嘯發生在學校以外的地點，讓孩子們從家裡往最近的避難場所逃難。拓馬小弟弟的情形，就是逃往避難道路的訓練。

「進行避難訓練時其實我不太認真，都在跟同學開玩笑，但一旦緊急情況發生，訓練時的細節不知道就從頭腦的哪裡冒出來了，身體自然而然地動了起來。就像打棒球的時候感覺機會來了！這樣的時候不自覺神經緊繃，就像練習時能打到球一般，避難當時我覺得就是像這樣相同的感覺。祖母之所以動彈不得，是因為大人沒有訓練讓身體動起來，所以地震時身體才會動彈不得吧。」拓馬小弟弟是這麼分析的。

採訪釜石小學孩子們的過程中，如同拓馬小弟弟般回答「地震之後身體自然而然地動了起來」的孩子不在少數。無論腦海中如何感覺到避難的重要性，如果實際上沒有經過逃跑的訓練就無法將感覺轉移到行動上，這是孩子們教導我們的。

拓馬小弟弟之所以能迅速去避難還有另一個理由，那就是他的弟弟颯汰的存在。平常拓馬總是跟小四歲的弟弟颯汰吵個沒完，但當時他卻強烈感覺到「能夠保護年幼弟弟的就只有我了」。

「雖然平常總是不斷吵架鬥嘴，但從颯汰出生以來我們就一直一起生活，未來也想和他一起活下去，我覺得我一定得要努力，所以我才會帶著颯汰拚命跑上階梯。因為震災我們失去了很多東西，但我瞭解生命才是最重要的。」

為了保護自己和颯汰的性命，拓馬小弟弟將學校所學奮力實行。

雖然家人全都平安無事，但拓馬小弟弟的家，卻從地基整個被沖走。這個景象拓馬小弟弟在避難道路上一直目不轉睛凝望著。明美女士至今都還清楚記得當時拓馬的模樣。

「大大顆的眼淚呀一顆一顆掉下來，他的手抓著欄杆，目不轉睛凝望著一切，他不發一語忍耐著，就只是讓淚水不停流下，不斷看著自己的家被沖走……」

拓馬小弟弟說，沒想到自己的家竟然如此輕而易舉就被浪濤帶走。雖然他開朗地說著：「因為是木造房屋也沒辦法吧」，但在過著避難生活時，或許是因為回想起當時的情景，聽說他半夜時常做惡夢。

想到拓馬小弟弟那樣的心情，我們思考著是否不該向他詢問當天的狀況。但拓馬小弟弟的口中卻說出了我們沒想到過的話。

他說：「我想要說出那天的事情，我也覺得能親眼見到海嘯是很值得慶幸的。就算回到三月十一日當天，我還是想要再一次見證海嘯留下記憶。」

為什麼會這樣想呢？

「因為我覺得必須要將海嘯有多可怕傳達給之後的孩子們知道。等我長大有了自己的小孩，我也會告訴他們海嘯是多麼可怕，並教導他們『一定要馬上逃跑才行！』如果不好好教導他們，小孩會不知道到底該怎麼辦，或許就會沒命吧?!我想要把我所經歷過的事情，全部都傳達出去。」

聽到這段話，採訪小組全體人員不禁正襟危坐了起來。眼前的這位孩子雖然還只是小學生，但我們卻強烈感受到，要是不跟他在聽大人說話時一樣認真面對，就無法完成能夠完整接收他們心意的對等採訪。

我們可以說是因為與拓馬小弟弟的相遇，進而決定了之後的採訪方針。

CASE 2 持續呼籲家人避難的愛海小妹妹和駿佑小弟弟

三月十一日，眼見海嘯向小鎮襲來，釜石小學的老師們忍不住強烈懊悔的情緒，「為什麼偏偏是今天讓孩子們提早放學回家呢……」然而，就像拓馬小弟弟的例子般，正因為孩子們當時在家，才能有這麼多的生命得以獲救。接下來我們要介紹的內金崎愛海小妹妹（小三），也是拯救家人性命的其中一人。

身為獨生女的愛海小妹妹，在校成績優秀，平時非常文靜，吃營養午餐的速度總是班上最後一名。她這麼分析自己的個性：「我是個超級膽小鬼又是個愛哭鬼，完全不是個可靠的人。就算跟朋友吵架時也無法暢所欲言，馬上就吵輸了」，是個可愛的小女孩。

個性如此溫吞的愛海小妹妹，是怎麼樣拯救家人性命的呢？

愛海小妹妹和雙親以及祖父母共五個人一起生活。愛海的家距離CASE 1的拓馬小弟弟家非常近。家中一樓是由祖父母經營的自行車店，二樓是祖父母生活的空間、三樓則是愛海和爸媽。由於父母都在工作，所以愛海小妹妹在自行車店度過的時光非常多。

身為優等生的愛海小妹妹，每天從學校回家後，習慣一定要先寫完功課才會出去玩。三月十一日那天也是，因為早早寫完作業，跟朋友約好了要玩扮家家酒，正在做準備。

就在那個時候，大地震發生了。愛海小妹妹立刻躲進玩扮家家酒用的小小桌子下。愛海小妹妹記性很好，詳細告訴我們當時的狀況：

「剛開始我先感覺到一點點喀噠喀噠作響的搖晃，像是因為風而搖晃，我當時想這樣應該還好，但因為還是會擔心，身體就自然而然動了起來，才一躲進扮家家酒用的紅色小桌子下，大地震就開始了。真的搖晃得非常久。佛壇上的東西全都乒乒乓乓摔飛出去。如果是平常，東西掉落之後會喀啦喀啦滾來滾去，但這次卻像是咻地向前進，我以前從沒看過這種摔飛方式，非常驚訝，覺得搞不好我們家都會被破壞掉。

「當時婆婆（意指祖母）就在隔壁的房間裡，但可能是因為擔心我，於是扶著東西走過來，我邊躲著邊看婆婆扶著東西的模樣。我不知道祖父在做什麼。漸漸從我身體裡湧出汗水來，超級緊張，因為地震的搖晃讓我不斷發抖，不知道接下來到底會怎麼樣。」

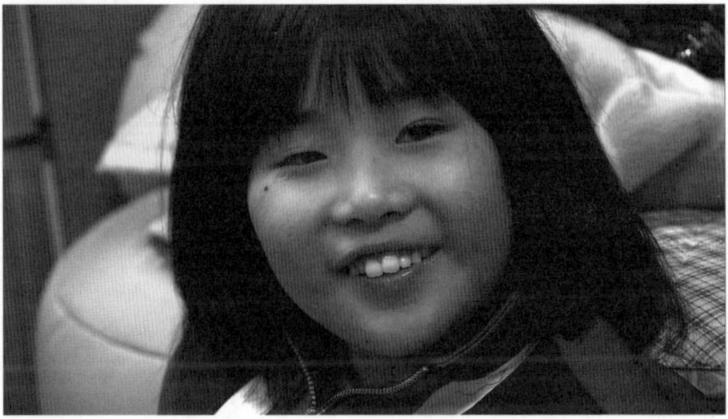

內金崎愛海小妹妹

對於前所未有的長時間強烈搖晃感到恐懼的同時，愛海小妹妹突然想起某件事。「我立刻想起學校張貼著的『如遇強烈地震要立刻逃往高臺』。因為學校教導我們『自己的性命自己救』，所以我先想到的就是要保護自己的性命」

愛海小妹妹等到搖晃停歇後，立刻向祖父源一郎先生（七十一歲）和祖母富美子女士（六十歲）說：「快逃到避難道路！」

不過祖父母兩人完全不搭理：

「海嘯才不會來這裡咧！」

「就算來了頂多到腳邊吧。」

兩人毫不在意地回答，只說：「我去上面看看是什麼狀況」，就爬上二樓的房間。

「祖父母完全沒有一點焦急的樣子。不斷說海嘯不會來啦不會來啦，還說就算來了也只會有一點點。人在二樓的祖父說婆婆房間裡的陶瓷倒了很多，要清掃乾淨。」

雖然祖父母說：「要是受傷了會很危險，愛海妳乖乖待在這邊」，但愛海小妹妹並沒有離開，而是跟在兩人之後。

「要清掃之後再掃就好！海嘯一定會來，不管海嘯是高還是低，總之趕快逃吧！」

愛海不斷地不斷地重複哀求。

看到愛海小妹妹這麼拚命的模樣，因為覺得「實在也太囉唆了」，祖父母兩人沒有辦法只好乖乖去避難。

「我一心覺得反正馬上就會回家了，所以什麼也沒帶就出門。什麼也沒拿兩手空空，也沒穿鞋子，只穿著拖鞋就走。」富美子女士這樣說。

過了一會兒，愛海小妹妹的父親正先生（四十歲）與母親久美女士（四十一歲）為了察看家裡狀況，也從公司返家。正好看到愛海小妹妹和祖父母正要外出，於是詢問他們：

「這麼冷大家要去哪裡啊？」

「愛海說海嘯會來要趕快逃跑，所以先往避難道路走。」

「嗯，那我們也一起逃跑吧。」

大人們雖然沒有明顯感受到避難的必要性，但決定無論如何大家先往避難道路去。

不過只有久美女士說：「我很擔心家裡養的鳥兒們，我先看看牠們再去」，而決定留在家裡。久美女士很喜歡鳥，養了四隻鸚鵡，她一直惦記著鳥籠有沒有因為地震倒下來。「媽媽，妳快來啦！」愛海這樣告訴媽媽，然後跟著源一郎先生、富美子女士、正先生一起往避難道路走去。

抵達避難道路的愛海小妹妹，一直等待著久美女士，但不管怎麼等，媽媽完全沒有要出現的跡象。愛海小妹妹非常焦慮，說著：「媽媽會死掉啦！」大聲地哭了出來。她哭得實在太大聲了，正先生顧慮周遭人們眼光，於是傳了「愛海正在哭，妳快來」的訊息給久美女士（兩人使用行動電話的「災害留言板」聯絡）。

久美女士雖然讀了訊息，卻完全不想出門。

「就算因為愛海大哭要我去，要求我上高臺，我也完全不認為海嘯會來，我覺得不用馬上過去也沒關係。」

久美女士本身出身仙台，與正先生結婚之後才開始在釜石生活。因此她說對於這地區的狀況不是很清楚，也沒有「地震＝海嘯」的觀念。

傳了訊息，久美女士卻還是沒過來避難道路，讓愛海哭得更大聲了。

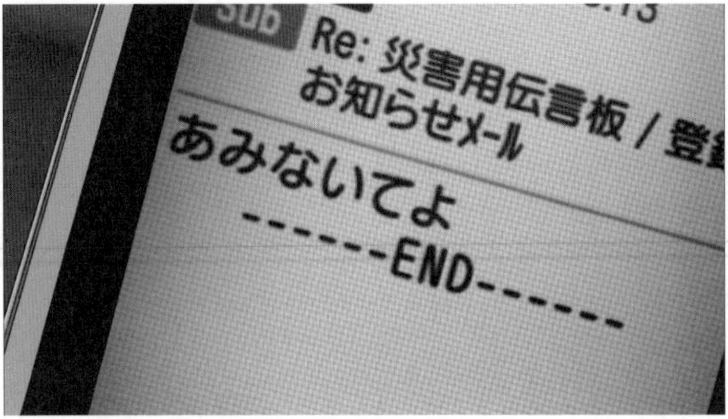

愛海小妹妹的父母互傳的訊息

「完蛋了啦！我媽媽要死掉了啦！當時我是這麼想的。媽媽堅持不來，我心裡有一半已經放棄了，但又覺得應該要做些什麼來救她。」

因為愛海不尋常的模樣而感到慌張的正先生，再度送出了訊息。

「愛海載哭了啦。」

因為焦躁，正先生還打錯字，看到了訊息的久美女士想：「愛海在哭，爸爸可能束手無策吧。沒辦法了，只好去高臺。」才決定離開家門。收到訊息的時間是日本時間下午三點十三分，距離海嘯襲來還有八分鐘。

然而久美女士並沒有立刻前往避難，她思考萬一暫時沒辦法回家時的情況，將好幾天份的飼料和水放進鳥籠，才終於前往避難道路。她說當下她完全沒有任何焦急的情緒。

看見久美女士出現，愛海小妹妹立刻跑到媽媽身邊，才剛鬆了一口氣，越過堤防的大海嘯就朝小鎮湧來。愛海她們的家，直到二樓天花板都被海嘯吞沒。要是久美女士再慢個幾分鐘走出家門，恐怕就會被海嘯捲入而喪命吧。這真的是在千鈞一髮之際死裡逃生。

「生與死之間的距離真的是毫米之差呢。要是沒有愛海，可能大家都不會前往避難道路。如果只有大人在的話絕對不會逃走的，這一點可以確定。」祖母富美子女士這樣說。

愛海小妹妹說：「那天如果不是因為我提早放學的話，恐怕大家都難逃一死呢。」「的確如此呢」全家人都點頭贊同愛海小妹妹的話。

儘管如此，為什麼愛海小妹妹沒有被大人們「不逃跑也沒關係」這樣的說法影響，而能夠不斷堅持「要去避難」呢？我們向愛海小妹妹提出這個疑問，她說因為她想到了「某個影像」。

那是在學校的防災課程中看到的二〇〇四年南亞大海嘯影像。剛開始高度只到腳邊的海嘯，瞬間變成濁流襲擊市區街道。釜石小學為讓孩子瞭解海嘯的破壞力，因此將這個影片當作教材讓孩子們觀賞。

「我看到海嘯正在破壞房屋的模樣，還有一輛車裡有兩個人，結果連人帶車整個被沖走之類的影像，讓人非常震撼。而當海嘯退去之後，斷垣殘壁堆積如山。我當時瞭解啊，原來發生海嘯就是這樣的狀況。從中學習到的內容進入了腦海中的一角，而當天我覺得好像就是這些內容發揮了作用，所以才會覺得不逃一定會死的。」

我們也看了之前釜石小學播放給孩子們看的影片，內容是將海嘯的可怕性生動且忠實地呈現。我們思考是否該贊成播放這樣的影像給孩子們看，但以愛海小妹妹的情況來說，看了影片帶來了好的結果，這一點是毋庸置疑的。

運用學校所學拯救家人性命這件事，對愛海小妹妹來說似乎相當值得驕傲。震災之後，她感覺自己的性格有了些許變化。

「在震災之前，我完全無法表達出自己的想法，但震災時不知道為什麼能夠自然地傳達出自己的想法，因此得以幫助了家人，真的是很棒。雖然只是一點點啦，不過現在我已經稍微能夠向朋友回嘴。我覺得因為震災，我有變得比較強一點。」

略帶靦覥，愛海小妹妹告訴了我們這些話。

當時四年級的玉田駿佑小弟弟，也是一位拯救了家人性命的男孩。

駿佑小弟弟其實是個怕生又害羞的男孩，在採訪過程中甚至因為太過緊張而導致肚子痛。祖母由美女士（五十八歲）由於生病導致雙眼幾乎全盲，外出時總是由駿佑陪伴在一旁。我們得到允許採訪祖孫二人前往超市購買晚餐的情景，駿佑小弟弟說著「今天要買什麼？」「黑豬修整過後的邊肉肉片很划得來喔。只要三百二十日圓，打九折耶」等話語的模樣，讓人會心一笑。

駿佑小弟弟的祖父信廣先生（五十六歲），在位於釜石市中心的商店街經營佛壇店。

地震當時駿佑小弟弟和祖父信廣先生、祖母由美女士三人正在店裡。

駿佑小弟弟感覺到搖晃，趕緊與由美女士躲到桌子下，從搖晃尚未平息開始，駿佑就一直不斷喊著「快逃吧、快點逃跑吧」。由美女士至今依然清楚記得駿佑小弟弟當時的語氣：「那是前所未聞的聲調。像是我拜託妳請快點逃跑這樣的感覺，非常認真的聲調。像是將要發生大事般、被逼到走投無路的說話方式。」

即使如此，由美女士卻完全沒有要逃跑的意思，這是因為長年居住在釜石，雖然也曾發生下大雨而水淹進店裡的情況，但卻從沒因為海嘯受災。信廣先生同樣沒有逃跑的想法，搖晃一停止就馬上在店裡開始收拾。

面對對自己意見完全充耳不聞的祖父母二人，駿佑小弟弟卻完全不打算放棄：「我想起兩天前也發生大地震，當時老師對我們說：『要是再發生大地震就要趕快逃走。』我雖然感

玉田駿佑小弟弟和祖母由美女士

覺祖父和祖母對於逃跑避難這件事都不太贊成，但我還是不厭其煩地不斷哀求。如此一來祖母終於說，好吧，那就逃跑吧，我這才鬆了一口氣。」

聽到平常沈默穩重、不太陳述自己想法的駿佑小弟弟一再哀求，讓由美女士也開始覺得「也許真的很危險」，於是對正在收拾的信廣先生說：「為了以防萬一還是去避難吧。」

「我對老伴說，要是我們不逃跑，那孩子（駿佑）也不會走。要是海嘯真的來了，讓那孩子喪命的話可不得了。」

聽了由美女士的話，信廣先生覺得「那樣說也沒錯」，決定往高臺移動。儘管如此他仍舊不疾不徐，告訴他們：「我拉下店裡鐵門就去」，要兩人先去避難。

帶著由美女士外出避難的駿佑小弟弟，對於該逃到哪裡去有些迷惘。一開始想到的避難地點是釜石小學，因為學校海拔高可以放心，但從店裡走到學校大約要花十分鐘左右，自己一個人是可以用跑的，但視力不良的由美女士只能慢慢走，很有可能在海嘯來襲之前都還無法走到吧……駿佑小弟弟這樣思考著。

他反覆思索學校教導的好幾個避難場所，結果決定前往海拔沒那麼高，但就位在附近的寺廟。「海嘯也許會來。一定得要趕快逃走！」心中焦慮越來越嚴重的駿佑小弟弟，冷靜分析自身狀態並做出判斷。

在逃跑期間，強烈餘震依然不斷持續著。每次一遇到停在路邊的卡車和電線桿劇烈搖晃時，駿佑就會想著「我一定要救祖母」，護著祖母。

「駿佑一直在我身邊。他就只是個孩子，自己一個人逃跑也是無可厚非，但他卻始終緊跟在我身邊，溫柔地扶著我的背。」

來到寺廟附近時，他們終於和追上兩人的信廣先生會合了。當駿佑小弟弟和信廣先生牽著由美女士的手，登上通往寺廟的階梯那一剎那，大海嘯驟然襲來。明明剛剛還存在的佛壇店、才剛走過的道路，都在瞬間被吞噬。要是去學校避難的話，恐怕三人都會在半路被捲走吧。

「從那天之後我越來越覺得，就是因為有駿佑，我們今天才得以站在這裡，這一點我銘記在心。因為他完整理解在學校所學的知識，並將這一切傳達給我們。雖然只是個孩子，卻拼了命幫助我們這樣的心情，真的是難能可貴。雖然是自己的孫子，但我真心覺得他能成為這樣的人實在是太好了。」由美女士這麼說著。

震災之後十個月過去，時間來到二〇一二年一月，在表揚致力防災教育學校的「防災甲子園」（兵庫縣等主辦）中，釜石小學榮獲小學生部大獎。在頒獎典禮這樣盛大的舞臺上，駿佑小弟弟代表學校，由他來發表震災體驗。

如果是震災前的駿佑小弟弟，根本不可能在那麼多人面前發表自己的想法。然而頒獎當天，他卻在電視台及報社等排列著的攝影機、相機之前，大聲且清晰地說出自己的想法。

「那天，我親眼看見自己的家和車子被沖走。當時只要稍有遲疑就會來不及逃跑，我真的很慶幸我能趕緊逃走。

「能夠拯救自己的性命、祖父母的性命、還有大家的性命真的是太好了。今後我也將珍惜自己的生命。」

CASE 3 不等待媽媽就一個人單獨行動的大喜小弟弟

在釜石小學中，許多家庭的雙親都擁有全職工作，因此在震災發生當時，一個人留在家中看家的孩子並不罕見，長瀨大喜小弟弟（小三）也是如此。

大喜小弟弟在三兄弟中排行老么，是個在家人寵愛下長大的男孩，他最愛媽媽了，是晚上還要跟媽媽一起睡的撒嬌鬼。媽媽裕子女士（五十歲）是這樣說的：「他自己雖然說『上國中以後就不跟媽媽一起睡好了』，不過到底會怎麼樣呢（哈哈）。大喜這孩子無論在哪裡都我行我素，因為太我行我素了，只要一進入自己的世界，就常常完全聽不到別人說話。」

大喜小弟弟的確是我行我素。採訪他的那天，他為了完成「製作報導」這項作業，正在閱讀當作參考資料的書，但因為太專心看書了，重要的作業到最後竟然沒做完，被裕子女士痛罵一頓。

大喜小弟弟的家，就位在距離海邊五百公尺之處。住家就在他們一家人所經營的商務旅館旁，這是家提供裕子女士親手製作早餐和晚餐的人氣旅館。因此裕子女士和丈夫一博先生（四十九歲）兩人白天幾乎都不在家，三月十一日那天也是，大喜小弟弟從學校回家後一個人在家。三兄弟當中的大哥幸太郎（國一）還在學校沒回來，二哥明大（小五）則是去朋友家玩。

「這下子我可以一個人盡情玩電動了！」就在大喜小弟弟在客廳將遊戲機連接上電視時，他突然感受到強烈的搖晃。

慌慌張張想躲到旁邊的和室桌下，但榻榻米和桌子之間的距離太窄，頭根本塞不進去。

長瀨大喜小弟弟和母親裕子女士

他趕忙跑到旁邊的寢室，抓了條棉被蓋住頭，等待搖晃停歇。

客廳裡的佛壇倒了，還聽到從廚房中傳來餐具破掉的可怕聲響，大喜小弟弟在棉被中摀住耳朵，拚命忍耐。

等到搖晃停止，他從棉被中探出頭來一看，房間裡亂成一團，根本連立足之地都沒有。原本準備要玩的遊戲機被壓在佛壇底下，已經解體壞掉了。走廊上的架子，原本放置著媽媽親手做的梅酒瓶，但全都掉在地上碎裂毀壞，裡頭的梅子也散亂一地。

「該怎麼辦……」

大喜小弟弟猶豫了。也許媽媽會因為擔心自己而跑回來，所以就這樣待在家應該可以吧？還是應該要由我自己跟媽媽聯絡比較好呢？說不定媽媽正在旅館的餐廳準備晚餐也說不一定，不過這個時間媽媽好像都會出去採買耶……

未曾體驗過的強烈搖晃，震撼了大喜小弟弟。才小學三年級的男孩，一個人經歷那麼劇烈的搖晃，慌了手腳也是再正常不過的事。

然而那時，大喜小弟弟想起了在學校防災課程的時間裡，老師告訴他們的話：「地震之後海嘯也許會來。海嘯的威力非常驚人，小孩馬上就會被沖走，所以一定要儘早避難喔。」老師重複了好多次這樣的話。

「我因為地震陷入恐慌，雖然想打電話，但根本不知道該打去哪裡，總之毫無頭緒想先打電話到媽媽可能會在的地方。但是這麼做的話會花上一些時間，要是在打電話時海嘯來了，我一定會被吞沒必死無疑。」

大喜小弟弟想到了另一個在學校學會的重要教條。

「老師們一直告訴我們『自己的性命自己救』這樣的話。老師說不要去想爸爸或媽媽，首先自己要先一個人保住性命，所以我決定一個人行動。」

不能繼續這樣等待媽媽！大喜小弟弟這樣想著，決定趕緊離開家。

通往大門的走廊上四散著破掉的玻璃瓶和散落一地的梅酒，大喜小弟弟「嘿咻！」跳過這些障礙物，急忙穿上鞋子，接著朝避難場所「青葉公園」走去。

那麼當時母親裕子女士到底在哪裡呢？

其實她就在大喜小弟弟附近工作，在旅館的餐廳烤著早餐用的麵包。

在長時間的劇烈搖晃中，裕子女士反覆思考三個孩子人在哪裡。

「看著時鐘，上國中的哥哥還在放學前班會的時間，老師一定會設法幫忙所以沒問題。至於阿明（次男）他說要去海邊的朋友家，大概會有人幫忙逃跑吧，大家應該會一起逃跑，應該會船到橋頭自然直。但只有大喜，我沒有聽說他要做什麼，他人在哪裡我也完全不知道。他到底去了哪裡呢……」

裕子女士說她完全沒想到大喜小弟弟一個人在家。

像這樣的情況，大部分的媽媽都會去尋找孩子吧?!但裕子女士並非如此。

「我當時有想過該怎麼辦，但知道自己必須先逃跑。如果孩子活下來了我卻死了，就一點意義也沒有，所以首先就是自己要先逃跑。我相信大喜一定也會逃跑的，就因為大喜是大喜，所以應該不會有問題，我也趕快逃跑。只要活著就一定會再相見，只要等事情平息再去找他就好，我當時是這麼想的。」

裕子女士說：「大喜一定是在避難」，她相信著自己的孩子。

裕子女士於是關了火，走出旅館，趕緊前往避難場所青葉公園。她在那裡與次男明大小朋友以及丈夫一博先生會合，接著從家裡跑去的大喜小弟弟，也平安無事與他們相遇。

在這之後，大海嘯一直席捲到了青葉公園，但長瀨一家人已經跑到高臺上避難，平安無事。要是地震發生後沒有立刻去避難而是去尋找大喜小弟弟，裕子女士恐怕會被大海嘯吞噬，從此再也沒有跟家人相聚的機會了吧。

至今已經好幾次面臨海嘯威脅的東北地區，留下了「海嘯來時各自奔」這樣一句話，教導大家「當海嘯發生時不要擔心家人，趕快四處各自逃跑吧」。

話雖如此，但應該還是有很多家長會覺得「怎麼可能對孩子置之不理自己一個人逃跑呢」。然而在釜石小學裡，像是長瀨太太一樣不先去尋找孩子而是選擇先去避難的家長並不在少數，就有一位小學五年級女孩的媽媽，在地震當時購物外出，女兒一個人在家，但因為相信「我們家的孩子一定會逃跑」，所以沒回家而是直接前往避難場所。

孩子們也相信「媽媽、爸爸絕對會逃跑」。我們詢問大喜小弟弟「當時不擔心爸媽嗎？」他回答：「我覺得爸爸和媽媽會自己保護自己的性命。」

第三章中我們將會詳述，擔任釜石市防災教育指導的群馬大學片田敏孝教授，在NHK Special「釜石『奇蹟』——守護生命的特別課程」節目中，對於「海嘯來時各自奔」是如下面這段文字這麼解釋的。

「大家應該有聽說過一種觀點，說著海嘯來時父母要不顧子女先逃跑、要不顧年長的爺爺奶奶先逃跑，也就是所謂『海嘯來時各自奔』這樣的說法，意思是要人切斷家人之間的牽絆。

「但我卻覺得不是這樣的意思。每一個人自己守護好自己的性命，與家人之間彼此信任這一點，並非是切斷家人之間的牽絆。我覺得之所以能夠這樣做到，毋寧說是因為有著很深的牽絆、能夠彼此信任，才能將誓死守護性命這樣的想法傳達出去。

「東北地區，父母為了去救子女、為了去救長輩，全家人、甚至於地區所有人全都罹難這樣的悲慘歷史不斷重演。為了避免重蹈覆轍，深刻思考應該要怎麼做才好之後得到這樣的結果，就是在海嘯發生時能夠成為各自奔逃的家庭，平時就要建立這樣的信賴關係，我覺得這是先人所教導我們的。」

那一天大喜小弟弟和裕子女士各自去避難並彼此信任，長瀨家的這對母子正是徹底實踐了「海嘯來時各自奔」這句話。

「地震之後，我想告訴大家與其等待爸媽，應該要一個人先逃跑。誰都不知道地震也許明天會來，或者幾年後會來，我認為家人之間應該講好自己先逃跑、以及要逃到哪裡去會比較好。」

經歷了這次的震災，大喜小弟弟說想要向全國的小朋友以及他們的家長傳達這樣的想法。

CASE 4 瞬間做出保護朋友行動的一輝同學和州同學

在採訪釜石小學的小朋友時，我們在訪問孩子們之前，都會先與監護人會面。一方面取得採訪的許可，另一方面瞭解孩子們在家裡的模樣。

「老是忘了功課被罵個不停。」

「很容易恍神，因為還只是個孩子，我也不知道他能不能好好受訪應答……」

可以說是謙虛，不過家長對自家孩子的評價都相當嚴苛。我們雖然想要從孩子口中聽到答案，但面對我們的提問，大人往往會搶先孩子回答。彷彿家長們總覺得不太信任孩子的樣子。

另一方面孩子們也是，只要跟家長在一起，就會開始撒嬌、不想要自己思考回答問題。因此採訪時，一定得要分開家長與孩子、以個別問話的形式進行，但離開父母身邊的孩子們，卻也展現出有別於平日，讓人難以想像、極為堅強的一面。

澤田一輝同學（小六）和小笠原州同學（小六）也是如此。

當天兩人與班上朋友相約，要去州同學家玩電動。當一輝同學騎著腳踏車往州同學家的路上，地震發生了。劇烈而長時間的搖晃下，一輝同學只想著總之得先到州和其他同學那邊，於是拚了命踩著腳踏車踏板。「雖然搖搖晃晃的，但總算是設法踩著腳踏車前進。」一輝同學這麼說。

州的弟弟青（小一）的朋友們也來小笠原家玩，六年級加上一年級的小朋友總共有十人左右。一輝同學抵達後，大家表面強裝鎮靜，內心卻波濤洶湧。

「大家都在發抖，邊笑邊發抖，雙腳不停顫抖。臉上的表情一如往常，但大家卻抖個不停。」

告訴我們這段話的一輝同學，自己也因為恐懼而顫抖。

州同學的家就在海邊。從外面進來的孩子們說「海嘯也許會來，趕快逃吧」，大家決定前往最近的避難地點去避難。州同學家經營一家公司，辦公室就設在住家內，但大家決定讓孩子們先逃跑。

但此時孩子們面臨了一個問題。距離州同學家最近的避難場所大約相距四百公尺，是一條綿延的平緩斜坡，如果想要快點抵達避難場所，騎腳踏車是比較好的選擇。然而雖然六年級的小朋友都是騎車到小笠原家，但一年級的孩子們卻全都是用走的。原來釜石小學為了預防交通意外，規定禁止一年級的小朋友在馬路上騎腳踏車。

「喂，一年級的沒有腳踏車啊！」

「要怎麼樣帶他們走啊……」

孩子們煩惱不已時，也不知道是誰提議的，說「大家一起用跑的吧！」當場獲得所有人的贊成。

此時，只有一輝同學煩惱著與夥伴們不同的問題。

其實一輝同學打從出生右腳就有障礙，裝有義肢。平常不但可以上體育課，也在參加的少棒隊中有亮眼表現，但唯獨對於跑步這件事有著無法越過的障礙。再加上一個月前他才剛接受腳部手術，疼痛感都還殘留著。

即使如此一輝同學卻沒有說要「騎腳踏車逃跑」。這是因為對他來說，將幼小的小朋友

澤田一輝同學（左）與小笠原州同學（右）

棄之不顧，自己卻先逃跑這種懦弱的行為他可做不出來。

於是他們決定以六年級生分別排在隊伍的前後兩端，將一年級生夾在中間的形式去避難。

「因為一年級生步伐比較小，要避免他們脫隊，還有小朋友提到想要去拿放在家裡的遊戲機，怕他們偷跑回去拿所以得要看著。」一輝同學這樣說明。他自願站在隊伍的最後方押隊。

一進到大馬路，就發現因為地震造成停電，紅綠燈也不亮了，要去避難的車子往來交錯，讓他們根本無法過馬路。或許是沒人注意到這群孩子，完全沒有人暫停下來，六年級生奮力揮動雙手打信號，才終於有一輛車停了下來。急急忙忙穿越了馬路，大喊「海嘯快來了動作快！」大家往避難場所跑去。

但從順利過了馬路之後，一輝同學卻逐漸落後大家，這是因為手術之後的右腳開始疼痛了。

「過了紅綠燈之後我也想要努力跑，可是卻跑不動。我忍不住想，啊，海嘯要來了，我會來不及吧，我會在這裡沒命吧。」

與大家之間的距離越拉越開，察覺一輝同學不對勁的，是跑在最前端的州同學。

兩人從幼稚園開始就是好哥兒們。相較於開朗又是個開心果的一輝同學，州同學則是個沈默寡言的男孩。媽媽重子女士是這麼說的：「他在家也不太說話。就算問他今天在學校有沒有發生什麼事，他也只是回答『嗯』，其他什麼也不講。」

他沈默到就連朋友也稱他是「酷州」的程度，州同學就是這樣話少、不太表達自己想法的男孩。

兩人的性格恰為對比，卻非常合得來，常常一起去玩。州同學清楚一輝同學的腳剛動過手術，也瞭解要他跑步其實很勉強，而他更知道一輝同學比起任何人都更好強。

跑在一輝同學之前的州同學，驟然停下腳步，他不發一語直接蹲了下來，背向一輝同學。這時一輝同學根本還搞不清楚州同學到底想要做什麼，不過隨即發現原來他想要表達的是「我背你走」。

「我跑得動，不用了！」

一輝同學馬上拒絕。

聽到這段話時，我認為一輝同學是因為覺得被背著跑很丟臉而拒絕。說起六年級的男生，正是愛逞強的年紀，一定很抗拒在同伴面前求助。

但一輝同學之所以拒絕，並非基於這樣的理由。

「要是現在大海嘯來了，不止是我，州也會跟著一起被海嘯吞噬，我覺得這樣不行所以拒絕。」

不想因為自己的關係讓州同學遭遇危險……擔心朋友的安危，讓一輝同學斷然拒絕。

即使這樣，州同學仍然繼續背向一輝。

「沒關係啦快點！」他稍帶著一點怒氣用聲音催促一輝同學。

一輝同學有點猶豫，但決定什麼都不說，爬到州同學的背上。

「剛開始我說『我自己跑』，但州回答說『沒關係啦』。我就想說好吧，那就拜託了……當時我將自己的生命託付給州。接下來就什麼都不去思考，一直保持沈默讓他背著跑。」

背著一輝同學的州同學，在距離避難場所只剩一百公尺之處卯足全力奮力奔跑。之後大海嘯一直湧到非常接近避難場所的地方，但幸好孩子們全數平安。

震災之後一年過去，我們向州同學詢問背著一輝同學當時的情形，但不愧是超酷的州同學，他就只回答「因為一輝落後了」，除此之外什麼也沒回答。

母親重子女士說，她也是在震災過了一陣子之後，才從次子青小弟弟那邊聽說「哥哥背著一輝哥哥跑喔」，之前根本完全不知道這件事。

「州竟然會有這樣的舉動……雖然是我自己的孩子，我還是覺得太驚人了。」她這樣說。

對於一輝同學來說，那天州同學的舉動也讓他感到有些意外。

「州這個人說起來算是很酷的，我真的沒想到他會來幫我。這麼說雖然有點不好意思，但我真的很慶幸有個能在急難時刻可以託付性命的朋友。」

接著一輝同學繼續這麼說：「釜石小學的孩子們之所以能夠全體獲救，我認為大家不是孤單一人也是很大的因素。如果只有單獨一個人，或許會有許多孩子遭遇危險。

「如果未來州遇到了任何困難，我一定會伸出援手幫助他。不只是州，要是有其他朋友遇到麻煩，我也絕對會幫忙他們。」

這是在危急中，彼此珍視對方性命的一輝同學和州同學。

他們讓我們知道，在孩子們當中，有著大人無法想像的強悍和溫柔。

CASE 5 勇於選擇「不去避難」的兄弟

在釜石小學的孩子們當中，並非所有人都迅速確實地採取行動，其中也有猶豫是否該逃跑，而導致來不及避難的孩子們。

然而，在千鈞一髮之際能夠拯救性命的，仍是在防災教育中學會的知識。

長谷川葵同學（小六）和永志小弟弟（小二），他們兩人都很害羞，在受訪時話不多，但當我們要離開時卻一定送我們到屋外，是一對非常有禮貌的兄弟。

震災前他們兩人的家，位在距離海邊兩百公尺之處。一樓是倉庫，二樓是住家，三樓則是屋頂。

那天放學之後，葵同學和永志小弟弟正在二樓的客廳玩電動。父母都因為工作外出，長女梨乃小妹妹（小四）則是到附近朋友家玩，住在一起的祖母也外出不在。

感受到搖晃的兩人，馬上躲進桌子下，等到長時間的搖晃停歇後，他們立刻把寶貝的遊戲機和玩具收進包包裡，開始準備逃跑。

哥哥葵對於要去哪裡避難有些疑惑，雖然學校教導他們「地震後馬上逃往高臺避難」，但其實幾天前在長谷川家，家人們才針對海嘯時的避難場所互相討論。我們向父親準先生（四十三歲）詢問當時的談話內容。

「我們家祖父、祖母將過往海嘯的教訓傳承給我們，總之他們常常告誡我們地震不可怕，地震之後的海嘯才是真正可怕，一定得要馬上去避難。因此在我們家，不時就會討論海嘯時要怎麼避難這個話題。我常告訴孩子我們家是鋼筋水泥建造而成，很堅固，遇上規模不大的海嘯就爬上屋頂。」

距離長谷川家最近的避難場所「避難道路」用走的大概兩到三分鐘左右。該要往哪裡逃？大人說請自己觀察狀況好好思考。也因為有這個背景，葵同學對於該要逃上屋頂，或者該要往避難道路逃跑覺得困惑。

但是在地震發生三十分鐘後左右，弟弟永志說：「哥，我們快往避難道路去吧……」此時呼籲避難疏散的警報聲已經響起，周遭充斥著不尋常的氣氛，因此永志覺得「想要去有大人在的地方」。

葵同學也開始不安，「好吧，就往避難道路走吧」他這麼決定。

穿上鞋子，兩人趕緊走出屋外，但此時眼前出現了令人難以置信的景象。道路上已經有水在流動。

「快點逃跑吧！」

永志小弟弟慌了手腳就要往外跑，但葵同學卻趕緊出聲制止他：「等一下，永志！」

葵同學此時想起在學校防災課程中學到的「某件事」。

在釜石小學，為了教導海嘯的威力，特別讓孩子們觀賞港灣空港技術研究所製作的實驗影片。這是一段展現高約五十公分左右的海嘯，輕易就能把男性成人沖走的影像。

看了這段影像的孩子們學到了「即使只到膝蓋高度的海嘯，也會把人沖走」。

「永志，快跑上屋頂！」

「為什麼？我們快往避難道路逃啦！」

「不對，快往屋頂上跑！」

此時在道路上流竄的水量還沒那麼多，但如果水量再增加的話，幼小的永志就會被沖走了——葵同學如此判斷，選擇往自家屋頂上逃。

從屋頂上可以看見聚集在避難道路上的人們。

「我想要去那裡！」永志哭哭啼啼地說著。

但是，「不行！待在這裡比較安全！」葵同學堅決不讓步。

沒過多久，路上的水量驟然增加，形成六公尺高的大海嘯吞噬小鎮。葵同學護住弟弟，為了不被海嘯沖走死命抓住屋頂上的欄杆拚命忍耐。

此時兩人在屋頂上的模樣，偶然間全被NHK的攝影機拍攝下來了。

當天的晚上，兩兄弟的父親準先生從工作地點趕回來，在學校、醫院、避難所等地點到處來回奔走，只為了尋找孩子們的下落。長女梨乃小妹妹在避難所與爸爸相會。到同學家玩耍的梨乃小妹妹，和朋友一起逃往避難道路而逃過一劫。聽到梨乃小妹妹說「我從避難道路上看到哥哥和永志在屋頂上」，準先生趕忙趕往住處。

當時已經超過日本時間晚間十點，但水還沒退。在伸手不見五指的一片黑暗中，準先生邊浸泡在水深及腰的惡水中，一邊朝著自己的家走去。在那麼大的海嘯中孩子有辦法靠著一己之力生存下來嗎……準先生心中已經做好最壞的心理準備。

終於抵達住家門前，但他卻沒見到半個人影。

「葵！永志！」

他呼喊著，卻得不到回應。

「葵！永志！要是在的話拜託快回答！」

依然沒有回應。再更走近一些，再一次大聲地呼喊兩人的名字。

「葵！永志！」

「爸爸……！」

終於在第三次的呼喊中，從屋頂傳來孩子們微弱的聲音。

「你們在上面嗎？爸爸現在就過去，等我喔！」

準先生往樓梯上跑。打開位在屋頂一角小庫房的門，葵同學和永志小弟弟就並肩坐在那裡。

「兩個孩子都只穿著小學的運動服，身體不停發抖。葵把晾在小庫房裡洗好的衣物全都往永志身上披，要保護弟弟不被寒冷擊垮。」

兩人都被湧到屋頂上的海嘯浸濕了雙腳。葵即使因為寒冷而顫抖，卻將在小庫房裡僅有的洗好晾乾的衣物披在永志小弟弟的身上，努力讓弟弟保暖。準先生緊緊將兩個孩子抱在懷裡。

「我在回家路上覺得大概有九成機率孩子是活不成了，甚至有得要抱著兩個兒子遺體的覺悟。他們能活下來真的是太好了。能這樣就很好了，孩子們能夠平安無事，我認為是受惠於學校的防災教育。」

NHK 攝影機拍攝下長谷川兄弟的模樣

父親長谷川準先生

震災發生後有段時間，葵同學和永志小弟弟會將當時發生的狀況向準先生說明，但漸漸的似乎就不想要再說了。

「一部分是因為覺得當時的狀況說夠了，已經厭倦了，進入不想再說的時期；也有部分是因為轉念一想，現在是可以放鬆的時期吧。孩子們的心裡也是有波瀾的，但因為這就是現實啊。這一切不是夢，也無法從已經發生的事情中逃脫。為了能繼續向前，我想得要花好幾年時間，好好面對孩子們的心才行。

「但是呢，只要孩子還在就是非常大的希望。我們當父母的一定得要好好支持他們，而且得要由我們大人自己先開始努力才行。要重建釜石還需要好一段時間，但為了這些從海嘯中生存下來的孩子們，我們絕對不能認輸。現在根本沒有消沈的閒工夫。」準先生告訴了我們這樣的想法。

CASE 6 展現讓大人也相形見絀判斷力的釣魚團體

那天因為縮短上課時間提早放學的一百八十四個孩子，有人在家裡玩電動，有人在公園打棒球，大家隨著各自的喜好度過放學後的時光。在這當中，卻有著在「最危險的地方」遊玩的孩子們。

他們是七個六年級女生和兩個男生共計九個人的小團體，大家相約到海邊去釣魚。「震災發生大約一個星期前大家去釣魚，玩得很開心，於是相約要再去，所以三月十一日也相約到海邊了。」

告訴我們這段話的是寺崎幸季同學（小六）。她最愛看搞笑節目，自己也總是帶給周遭的人歡笑，在小團體中扮演炒熱氣氛的角色。

雖然他們是總在一起遊玩、感情很好的小團體，不過大家的意見也時常相左，聽說吵架拌嘴對他們來說是家常便飯。採訪時也是大家各說各話，為了確認事實關係花了不少時間。「就連決定出遊的時間，也總是得經過一番吵鬧」，幸季同學這麼說。

這樣的九人小組，在那天卻展現截然不同的模樣。彼此傾聽對方意見，確實判斷情況，得以讓所有人一起避難，保住了性命。

三月十一日，抵達海邊的九個人有人負責在水桶內裝水，有人在釣竿上裝上魚餌，各自開始準備工作。接著當他們一把釣魚線垂入海面，就立刻感覺好像釣起了什麼。

不過那並不是因為魚兒上鉤，而是地震的搖晃。

幸季同學的好朋友砂金珠里同學描述當時的情況：

「剛開始與其說是地面搖晃，其實更明顯的是海上波浪好像在跳躍，就像水在玻璃杯裡嘩啦嘩啦搖晃的感覺，而這樣的搖晃越來越大。不知道是誰大喊『不快點離開海邊可不行！』於是大家趕忙往堤防外的停車場逃跑。」

孩子們釣魚地點的旁邊，就是海上保安廳[3]釜石分部的大樓。孩子們跑往海上保安廳的停車場，蹲下用手保護頭部。

「學校雖然有進行避難訓練，但我們都不認為地震真的會來，所以根本沒有認真接受訓練。不過倒是記得老師說會有物品從天而降，所以就蹲下來保護頭部。當時海上保安廳的大樓搖得超厲害的，接著感覺玻璃窗好像要破了似的，樓梯也喀啦喀啦晃動，就在

3　海上保安廳：日本政府的行政機關，主要任務為警備領海及維持治安、海難救助、防災任務等等，類似海岸巡防隊。

我們眼前地面啪啪啪地裂開……實在是太恐怖了，大家不斷嘎嘎尖叫。」

感受到地震搖晃帶來的強烈恐懼，珠里同學對於當時的記憶依舊鮮明。

此時，有個人正看著這群孩子們，他是當時隸屬釜石海上保安部警備救難課的奧山隆一課長。人在海上保安部大樓四樓的奧山先生因為聽到尖叫聲，趕忙打開窗戶。

「我心想為什麼這種地方會有小朋友在呢?!我嚇了一跳，其中好像有孩子因為地震不斷顫抖哭泣。那時搖晃已經停歇，於是我對著他們喊：『海邊太危險了，快點逃跑啊！』孩子們點點頭立刻跑走。因為他們動作非常快，

海上保安部警備救難課奧山隆一課長（時任）

我還記得當時我很欽佩這群孩子，覺得他們真是了不起。」

距離海上保安部五十公尺左右的地點，有一棟被稱做「市營大樓」的八層樓建築。一到三樓是辦公室，辦公室之上是住家，釜石市將這棟大樓指定為海嘯發生時用來臨時避難的「海嘯緊急避難大樓」，孩子們就以這棟大樓為目標跑了過去。

市營大樓前開始聚集起從大樓中出來察看外面狀況的人，以及附近的人們。家裡的人總是告訴珠里同學：「只有小朋友在的時候，如果遇到任何情況，要趕緊到有大人的地方，一起行動。」所以珠里同學向大家提議：「這裡有大人在，可以放心，我們就待在這吧。」

然而在那之後，孩子們卻面臨意想不到的狀況。原本他們打算遵循大人的指示去避難，誰知道關鍵的大人們卻完全不打算去避難。

「搖很大耶！」

「好恐怖喔。」大人們說著這些話，就只是悠哉地站著閒聊而已。

看到這種情況，孩子們開始困惑了：

「大人不去避難，難道是因為海嘯不會來嗎？」

「釣竿還放在海邊，我們去拿回來吧！」

一如往常，大夥兒的意見開始分歧。

幸季同學聽著朋友們七嘴八舌，突然想起他們在逃跑之前，她看到海面出現變化，是海水開始往海面退去。她的祖母曾告訴她，「海水要是退去，海嘯就一定會來。」（※正確情況是即使海水沒退去，也有可能會有海嘯）她說她強烈感覺到「那麼劇烈地搖晃，加上海水也開始退去，海嘯一定會來。在這邊太危險了！」

「雖然一開始我們覺得這邊有大人，待在市營大樓是最安全的，但我擔心要是大型海嘯來襲，大樓也許會毀壞，要是建築物被破壞了，我們出不去也很危險。所以我對大家說不要再等大人的指令了，趕快逃到其他地方吧。」

對於這樣提案的幸季同學，大夥兒說：

「妳說要逃是要逃去哪？有大人在啊，在這邊比較安全啦！」

「家人一定很擔心，是不是趁現在大家快回家比較好啊？」

孩子們完全無法達成共識。

就在這片混亂中，出聲發表意見的，是在學年中成績時常名列前茅、讓大家甘拜下風的山本洋佑同學。

「對了，我們去避難道路吧！那邊比這棟大樓更高更安全。大家一起逃吧！」

從孩子們原本待著的市營大樓到避難道路，用跑的大概兩到三分鐘左右就能抵達。洋佑同學想到的是，「如果是現在的話，還來得及在海嘯來襲前跑掉」。

「如果大海嘯來的話，市營大樓會成為孤島，也沒有任何退路，但如果逃到避難道路的

國小六年級男女共九人的釣魚小團體

話，後面還有山，爬上去就能逃到更高的地方。不斷思考各種狀況，我判斷避難道路那邊是比較安全的。」

平常容易被女生氣勢壓過去的洋佑同學，在這個時間點存在感變得超明顯。

原本覺得「跟大人一起行動比較安全」的珠里同學，也被洋佑同學說的話打動，決定往避難道路逃跑。

「剛開始我覺得只要依賴大人的話就不會有問題，但發現大人怎麼一直不採取任何行動。與其這樣，倒不如按照洋佑同學所說，大家一起逃跑還比較安全。再加上要是在這裡跟大家分開了，我擔心會不會這一輩子都再也見不到了。」

原本意見分歧的孩子們，卻判斷出怎麼做才是正確的，九個人一起往避難道路跑去。

從海上保安部的大樓內，奧山課長一直關注著孩子們。

「我看見好幾個孩子進入市營大樓，不過沒多久又出來，接著大家一起跑出去了。不知道他們怎麼了，我還有點擔心。」

我們向奧山先生說明了孩子們的狀況，並告訴他孩子們做出「大家一起逃往避難道路」的判斷。

「原來如此。小學生做出這樣的判斷逃生啊？在當時那種狀況下就算是大人也未必能夠做出相同判斷。真的是一群了不起的孩子啊！」他感到相當感動。

原本孩子們猶豫是否該在那裡避難的市營大樓，最後被海嘯淹沒到大樓二樓的天花板，沒逃過災害。震災後釜石市將這棟大樓從原本指定作為緊急時「海嘯避難大樓」中除名。

要是孩子們繼續待在市營大樓，或許會被海嘯捲走。海嘯發生之際，沒時間逃跑時，緊急跑上避難大樓是恰當的行動，但能夠看清自己所處的狀態，迅速前往更安全的地點的這群孩子們，他們的行動無疑可以說是避難的範本了。

零罹難者的背景

到這邊為止我們介紹了釜石小學孩子們的「那一天」。孩子們並非只是逃跑，而是從眼前的選擇中選出最恰當的選項去避難，各位讀者是否已經看出這一點了呢？

說到孩子們之所以能夠儘早去避難，會有不少大人固執己見認為這是因為「孩子經歷的事情少，沒什麼既成觀念，所以能夠按照所學直接逃跑」。然而，只要採訪過孩子們，就會覺得只因為那樣單純的理由，並不足以導致一百八十四名兒童全數獲救的結果。就因為他們在學校深刻地學到了海嘯的威力是何等凶猛、又該要怎麼做才能保全性命，才能實現「零罹難者」的成果。

而且很重要的是，釜石小學並非只以特定班級或學年為對象進行防災教育，而是針對學校全體進行教育。震災當時五年級的一名男孩，因為擔心父母，原本打算返回自己位在海邊的家，但被一起玩的同伴大聲斥責說：「你要是回家就一定會因為海嘯死掉的！不逃不行啦！」他說被對方的熊熊怒火嚇到，只好乖乖一起前往避難場所。

對於沒想到要逃的孩子，或年齡幼小的弟弟、妹妹，正是因為別的孩子伸出援手說：「我們一起逃吧」，以結果來說就能讓全數人員得救。「要是當時我單獨一個人的話，我想我一定會回家，然後就被海嘯沖走。我的朋友是救我性命的恩人。」那個當時五年級的男孩這樣告訴我們。

想要把經驗流傳到後世百年

「希望能夠讓我們採訪關於那一天孩子的經歷。」

震災發生過後沒多久的二〇一一年三月下旬，我們這樣和當時擔任釜石小學校長的加藤孔子校長商量。

那個時間點學校成為避難所，為了幫忙管理或協助學校復課，老師們忙碌到連坐在辦公桌前的時間都沒有。在這種狀況下，我們已經做好「恐怕會被拒絕吧」的心理準備才去拜託，但加藤校長卻告訴我們：「未來各地也有可能會發生自然災害。思考今後的防災教育，如果釜石小學孩子們的經驗能夠派得上用場的話我很樂意。」接受了我們的請託。在此藉由這個版面，再次表達我們誠摯的謝意。

學校重新復課是在二〇一一年四月十九日，我們在釜石小學展開採訪。

但是當天我們的攝影機幾乎無法拍攝下任何畫面，因為有不少孩子親眼看著自己的家被沖走，也有人的家人或親密的人不幸死亡。我們真的不知道是否該拿著攝影機，對著遭遇這些事的孩子。

這時出現了這樣的場景。在教室精神奕奕玩著遊戲的某個女孩靠近我們，她說「你看這個」，讓我們看了她的聯絡簿。「封面上不是有寫著監護人的姓名嗎？不過這個名字變了喔，因為海嘯去世了。」她這樣說。說完後，女孩又再度回到朋友當中開始遊戲。我頓時無法吐出任何言語。

釜石小學加藤孔子校長（時任）

另一個男孩則是帶我們走到日本地圖之前，他淡淡地開始對我們說明：「這裡是岩手縣，而這裡是釜石。從這裡到這裡遭受海嘯侵襲。」他想說的事情彷彿一件接一件冒出來，一時之間談話停不下來。

孩子們幼小的心靈到底背負了多大的傷痛？開口問「那天你們是怎麼避難的？」之類的問題真的好嗎……我們採訪小組經歷一次又一次討論，卻無法得到結論。

承蒙加藤校長在忙碌中撥冗與我們商談，建議我們在訪問孩子們之前，是不是先與監護人見個面會比較好，於是我們在說明採訪宗旨的同時，也從孩子們平日的模樣中判斷出是否可能接受採訪。儘管讓大家想起受災沈痛的回憶，但大家卻也爽快協助我們的採訪。

實際上開始記錄下孩子們的證詞，是從進入暑假的二〇一一年七月下旬開始。釜石小學的一百八十四名兒童中，當天身處在海嘯淹水潛勢的孩子超過一百人。我們訪問了其中約半數的孩子們。

透過採訪，有一件事令我們感到驚訝。介紹篠原拓馬小弟弟的故事時也有提到，許多孩子們竟然異口同聲說：「那一天能親眼見到海嘯真的是太好了。」

那群在海邊釣魚的孩子們，從避難道路上看見小鎮被吞噬的模樣。其中一個女孩，在震災後對於為什麼只有自己一個人存活下來、為什麼不叫大家趕快逃等等問題不斷責怪自己，最後導致為幻聽所苦。漸漸地，她無法分辨夢與現實，開始拔自己的頭髮，因為唯有感受到疼痛的當下，她才能確實感受到「原來我活著」。

她說將她從這段痛苦的日子裡解救出來的，是那一天一起逃跑的朋友。學校復課後大家再度相見，並在談論震災的話語中，讓她的心漸漸找回平靜。

而現在，她也告訴我們：「那一天，能見到海嘯真是太好了。」

「我想把我親眼所見告訴全國的人們。我想說的是地震發生的話一定要立刻逃跑，這段話我想要讓一百年後的人也能知道。所以我不後悔那一天親眼看到海嘯。」

想要傳遞自己的經驗。然後再也不希望有任何人因為海嘯罹難·

孩子們堅強的訊息，在此務必想請各位讀者接收理解。

第二章　那天的老師們

由於釜石小學位於高臺，得以在海嘯中倖免於難，再加上震災沒多久前才剛完成耐震工程，這樣的幸運巧合，讓地震的強烈搖晃沒有造成太大的損害。

縱然學生和老師們全員平安，校舍也沒有損害，但從震災到學校復課為止，絕非是條平坦的康莊大道。

在第一章中，我們關注了孩子們的「那一天」，在這一章中，我們則追蹤了老師們的「那一天」。而我們也將探討，在混亂中，老師們是怎麼讓學校重新復課，又是怎麼面對在震災中失去許多生命中重要事物的孩子們。

我們在釜石小學進行採訪是從震災之後，因此關於三月十一日當天的情況、以及學校走向復課之路的細節，我們參考了由釜石小學加藤孔子校長所彙整的「三一一強震～學校復課前的五十天～」，以及由教職員、學童、監護人等所記錄的「三一一強震，釜石小學記錄集～朝氣蓬勃活下去」等資料。這兩份紀錄，鉅細靡遺、完整地呈現出面臨前所未有的災難時老師們的呼吸律動，是即使視作「震災文學」也發人深省、值得一讀的內容。

「但願明天不要成為最糟糕的一天」

三月十一日，由於釜石小學學期末縮短上課時間，校園內只剩下幾名正在準備畢業典禮的學生，其餘大部分的孩子們，一過中午就放學了，老師們則有許多人正在教職員室辦公。在這樣的情況下，日本時間下午兩點四十六分這個時刻默默到來。

加藤校長立即關掉校長室的煤油暖爐，進入緊鄰在旁的教職員室。老師們對於這場不尋常的劇烈搖晃，每個人都面色鐵青。

日本時間下午兩點五十分，小鎮中的防災無線電響起。

「目前氣象廳針對岩手縣沿岸發布了大海嘯警報，預測海嘯最高將超過三公尺以上。提醒大家關閉火源，人在海岸附近的民眾請就近前往高臺等避難場所避難。」

「海嘯要來了！」

教職員室籠罩在緊張氣氛中。

孩子們此刻在哪裡呢？最後離開學校的那個孩子和那個孩子，應該還沒到家吧……

老師們心中不安的情緒越來越強烈。

但也不能貿然離開學校一個一個尋找孩子。由於釜石小學是釜石市指定的避難所，也必須準備好接收前來避難的民眾。

「來進行避難所的準備工作吧！因為天氣很冷，要穿上夾克，並別上名牌！」

一邊在心中祈禱孩子們平安無事，一邊按照加藤校長的指示行動。由於體育館剛打完蠟地板還是濕的，因此決定改將避難民眾引導到大的教室去。為了禦寒，從倉庫搬出了暖爐、在地板上鋪上地毯、並張貼出引導公告等，老師們各自判斷，迅速展開行動。

加藤校長則走向校門前被稱作是「上學坡」的坡道，指引避難民眾。不一會兒，就聽到有名男性義消大喊「快逃！海嘯來了！」一轉頭望向小鎮，加藤校長頓時感到不可置信。宛如從國道那側傾洩溢流的惡水橫流而來，這是前所未見的大海嘯！上學坡下開始捲起漩渦。

「啊，那裡有人！」

「不能過去救！」

「那裡好像有人溺水了!!」

轉瞬間水量遽增，轉變為濁流以駭人的聲勢席捲而來。無論是房子或車子，都令人驚訝地輕易漂浮起來被沖走。

時任三年級導師的外館千春老師，能做的只有不斷祈禱：「大家快逃啊，拜託快逃走！」

時任二年級導師的室明美老師，則是感受到無以名狀的憤怒：「為什麼偏偏是今天提早放學……」

釜石小學中有不少孩子的家靠近海邊，老師們已經做好「會有最糟糕情況」的心理準備。

入夜以後，進入學校避難的民眾人數不斷增加，其中也有人來到這裡時已經全身濕透。倉庫內一百條儲備毛毯迅速見底，老師們拼了命湊出學校裡所有毛巾。不過這樣還是不夠用，就連布幕也都拿出來湊合著用。

避難民眾當中雖然也有釜石小學的孩子，但仍無法得知大多數孩子們的安危。同時

從釜石小學拍攝到海嘯的情況

也開始傳出「在郵局前，看見有穿著釜石小學體育服的小女孩被沖走」這樣的傳言。

為了尋找自己的孩子，有家長們繞山路趕來。有人得以與平安無事的孩子相見，也有人因為找不到孩子而放聲大哭。有人打算前往下一個避難所尋找，雖然被周遭的人制止說：「太暗了很危險，等到早上再去吧！」但還是獨排眾議、執意前往。

日本時間凌晨兩點鐘，老師們的不安和緊張達到頂點。就算坐在教職員室的座位上打算小睡片刻，但根本沒有人有辦法睡著。

時任四年級導師的佐藤淑子老師，她自己的兒子昌苑小弟弟是釜石小學一年級的學生。當天應該是在安親班接受課後托育，但卻聽聞前來避難的人說：「安親班附近被海嘯破壞殆盡了」。

「那孩子絕對逃走了！」因為深信這一點，她強忍住淚水。

「但願明天不要成為最糟糕的一天……」

老師們在祈禱中徹夜未眠。

那個夜晚，小鎮中燈火全滅，漆黑的小鎮上只有星星閃爍著美麗的光芒。

越過斷垣殘壁確認學生安危

漫長而不安的夜晚終於過去。學校中避難人數已經超過五百人，校舍內成立了對策本部，商議如何確保水和糧食、以及廁所用水等問題。

雖然因為幫忙避難所內事務而忙得喘不過氣，不過這一天，老師們有項重要任務，那就是要確認學童的安危。孩子們現在人在哪裡？住家毀損狀況到什麼程度？老師們以兩人一組的編組巡迴避難所及住家進行確認。

「因為現在有各種謠言和八卦流傳，所以請務必要見到孩子一面，確認

越過斷垣殘壁確認學生安危

他們是否平安。」加藤校長如此指示。

海嘯過後，老師們並不知道小鎮成了什麼光景，因此當他們走下學校前的上學坡後，見到眼前觸目所及的慘況，不自覺地喘不過氣。司空見慣的小鎮景象已經截然不同。消防車和救護車橫倒在道路上，上面竟還壓著宅配業者的卡車。原本應該矗立的建築物消失了，房子被沖到了道路正中央。散亂的木材、倒掉的電線桿等，所到之處斷垣殘壁堆積如山，根本無法行走。汽油的氣味、泥土的氣味等，空氣中飄散著刺鼻的味道。

時任六年級導師的西城滿老師，想起孩子們說：「放學後大家一起去釣魚吧！」西城老師自己也愛釣魚，知道這一點的孩子們說著：「老師待會也一起來喔！」離開了學校。要是當時一起去釣魚的話，就可以救孩子們了……西城老師邊自責，邊開始攀登堆積如山的瓦礫堆。

由於強烈的餘震仍然持續，也不知道什麼時候海嘯又會再來。當時擔任特教班導師的菊池國浩老師，考慮到如果有個什麼萬一，為了讓人能夠知道自己的身分，在口袋中放進了寫著自己的姓名和聯絡方式的紙條。

那天下午，首先傳來令人振奮的好消息。佐藤淑子老師與海嘯當時課後托育在安親班的一年級兒子——昌苑小弟弟，在被當作避難所的法院平安相見。據說當時安親班的孩子們兩人一組手牽著手拚命奔跑到避難場所。

「你好努力呢」，當淑子老師這麼說，昌苑小弟弟表情鎮定地回答：「全校朝會時，校長不是有說『海嘯來時各自奔』嗎？所以我覺得只要我拚命逃跑，媽媽之後一定會來接我的！」

從這個避難所到那個避難所、從這一家到那一家，老師們持續徒步穿越堆積如山的瓦礫堆，搜尋孩子們的下落。而在這一天內，已經能夠確認一百七十四名學童平安無事。當得知孩子們能夠運用學校所學迅速避難，老師們的疲憊一掃而空。

然而，此時還有十個孩子的安危無法確認。

「但願明天就能確認所有孩子平安無事……」

持續祈禱的夜晚再度降臨。

充滿歡喜之聲的職員室

震災發生第二天早晨，老師們再度前往確認孩子們的安危。除了震災前吃了營養午餐之外，之後的餐點就只有一根香蕉和一個飯糰，夜晚也幾乎無法成眠。但抱著想要見到孩子們平安無事的臉這樣的想法，老師們一步一步、徒步穿過斷垣殘壁。

萬幸的是，這一天上午已經確認了八個孩子平安無事，但有兩個孩子卻無論如何就是無法得知他們的安危，他們是地震前一刻離開學校的孩子們。雖然有人指稱「有看見他們搭乘媽媽的車」，但能否平安逃走呢……

前一天西城老師曾走訪這兩名學生其中一人的家，雖然房子免於淹水之苦，但家裡卻連一個人影也沒有。

時任五年級導師的菊池健太老師，是在釜石出生、並且土生土長。他帶著谷澤通廣副校長、梁田公美老師等人通過當地人才知道的山路，前往受災嚴重的市區。在途中，他們數度看見自衛隊運送用藍色塑膠布包裹住的遺體。每當看到兒童大小的藍色塑膠布，就會背脊一陣發涼，祈禱著「但願大家都平安無事！」的心情越發強烈。

時間到了下午，終於到了只要能夠再確認一個人，就能瞭解所有學生安危的時刻。西城老師與菊池健太老師決定再一次前往前一天一個人影也沒有的人家。

站在那戶人家門口試著喊喊看，還是沒有回應。當他們決定放棄要折返時，附近民眾告訴他們：「裡面的房間裡有看到人影喔。」

他們趕緊進入這戶人家裡頭。然後……

孩子就在裡面！終於確認了一百八十四個孩子全都平安無事。

老師們趕忙回到學校。

「就在家裡！」

聽到這個消息，職員室裡充斥著歡欣鼓舞的氣氛。放置在大門旁的板子上，寫著無法確認安危的學生人數，而在日本時間三月十三日下午三點零二分，這個數字變成了「0」。

「這是奇蹟！」「這是防災教育的成果啊！」

老師們用力鼓掌的同時，也流下了歡喜的淚水。

當天夜裡，設置在學校的對策本部會議中，加藤校長報告了「我們已經確認釜石小學的孩子們，全員平安無事！」這一瞬間，房間裡響徹熱烈的掌聲，這無疑是為陷入絕望的人們心裡，點亮了希望之光。不知是由誰先開始高聲呼喊出「我們也不會輸的！」

「孩子們那小小的身體裡，是從哪裡產生出在那樣的災難中生存下來的力量呢？我們雖然失去了很多，但孩子們給了大家活下來的勇氣。」加藤校長在事後受訪時，告訴我們當時這樣的想法。

讓學校重新復課的決心

雖然確認了一百八十四人全員平安無事，但老師們必須要做的事卻堆積如山。像是每三天一次巡迴避難所，在向孩子們傳達學校聯絡事項的同時，也確認孩子們與監護人狀況是否良好。

對於各種謠言，也不得不一一處理。三月十四日上午九點，傳出「聽說發布大海嘯警報了。宮古好像正受到五公尺海嘯的侵襲」。由於消防相關人士也下達「海嘯要來了快逃！」的指示，學校中陸續湧入民眾，一時之間陷入混亂。接著就連「輻射很危險快進入建築物內！」這樣的資訊也出現了。

報紙上刊登了「釜石小學學童十九人失蹤」、「發現兩百具遺體」等毫無根據的報導。無論是電話或傳真，由於從釜石完全沒有能夠發送出資訊的方式，因此加藤校長特別前往盛岡，向各大電視台、報社等新聞單位傳送「已確認釜石小學學童一百八十四人全員平安無事，教職員也全數平安」內容的傳真等，每次一有狀況就必須一一處理。

再加上得要參加設置在學校內對策本部早晚的會議，為確保廁所用水得要從游泳池接力運送水桶，引導、陪同前來尋找家人的民眾，以及打掃校舍等……一天總在轉眼之間就過去，幾乎所有老師都在學校過夜。

在這樣的日子中，對釜石小學的老師們來說，最大的課題就是「學校重新復課」。無論是體育館或教室內都是滿滿的避難者，操場上也停滿避難民眾的車子，即使如此，三月十九號對策本部的會議中，加藤校長仍向相關人員傳達：「我希望學校能在四月中旬重新復課」。對於老師們也說明「到學校復課的四月中旬為止，請不要誤認為這段時間是用來休息的，請大家要去訪問孩子們，確實掌握好狀況。」

震災發生都還不滿十天就決定學校要復課，是否多少有些勉強？日後的訪談中我們向加藤校長提出了這個問題。

「或許確實是有勉強之處。但就算只提早個一天也好，為了讓家人死亡、失去居所的孩子們儘早恢復日常生活，我認為應該要儘速讓學校復課。老師們當中也有人的家被海嘯沖走，在必須重建自己生活的同時，還要對孩子們進行家庭訪問、幫忙避難所事務、以及學校復課，都是很辛苦的事。但我認為與孩子們之間建立連結，應該正是我們身為教師最優先的工作。」

加藤校長作為一位教育者的理念，在這場前所未有的震災中，依然屹立不搖。

在讓學校復課方面，有個一定得要解決的問題，那就是該怎麼處理孩子們的上學通路。

小鎮中所到之處全都是堆積如山的瓦礫堆，就算暫時從人行道上清除，從家裡或店裡清出的瓦礫又會再次堆疊，將這些瓦礫清除完又會再出現下一批……像這樣彷彿「你追我跑」遊戲般的場景不斷持續、沒完沒了。

由於餘震會讓瓦礫堆有崩塌的危險，也不能讓孩子們在這樣的情況下走路上學，再加上原本住在沿海地區的孩子們當中，有人寄住在距離小鎮有點遠的親戚家，幾乎沒有居住在能夠安全徒步上學範圍內的孩子。即使想仰賴監護人接送，也有很多家庭的自用車在海嘯中被沖走了。

加藤校長雖然向釜石市教育委員會提出申請校車的請求，但也瞭解要確保巴士車輛、運行路線及設定時刻表等細部調整曠日廢時，是無論要做什麼都得摸索才能推動事務進行的狀態。即使如此，教育委員會還是接受了這項請求。

直到三月下旬，還有許多老師們在學校過夜，但加藤校長表示：「在學校復課時，希望老師們能用充滿朝氣的臉迎接孩子們」，於是決定讓老師們改以輪流方式在學校過夜。此外，不是要求正在避難的地方民眾轉往其他避難處，而是將體育館以及一樓部分當作避難所，二樓以上則當作學校空間使用。

加藤校長堅信「正因為處於如此艱困的時刻，孩子們才更需要學校。而親眼見到想要堅強活下去的地方民眾的姿態，也能讓孩子們把這景象連結到從今以後的生存方式」，加藤校長在這個過程中發揮強悍的領導能力，在讓避難所與學校共存的狀態下，決定「四月十九日舉行開學典禮，二十日舉行新生入學儀式」。

孩子們的變化與老師們的應對

學校復課的日子終於到來。結果由於校車來不及趕上開學典禮，因此在各地區設置集合處，老師們等在各集合處迎接孩子，和孩子們一起徒步上學。

四月十九日當天，是下著雨、天色灰暗、涼颼颼的一天，但學校裡卻充滿了與朋友和老師再相見的孩子們開朗的笑聲。「孩子們需要學校」，加藤校長的決心是正確的。

然而從學校生活開始穩定下來的四月下旬，孩子們卻陸續出現令人擔心的徵兆。剛入學的一年級小男孩，即使來到學校也總是哭個不停。聽說他在下課玩遊戲時，用積木蓋了個房子，向導師說：「這是我家，不過已經被海嘯沖走了。」

黃金週[1]結束後，我們和孩子們一同搭乘開始運行的校車，但有位四年級的男孩卻絕不把目光看向窗外。

「我不想看外面。」

當這個孩子一自言自語，其他男孩就故意用挑釁口吻回說：「這樣啊，那就不要看呀！像個笨蛋一樣！」只要有一點點小事，就會演變成小規模衝突。平常雖然絕口不提海嘯，但只要一說出口就完全停不下來的孩子們也不少。

震災完全改變了孩子們的生活。由於清除瓦礫堆的大卡車不斷往來非常危險，即使從學校返家，也沒有地方可以出去玩。監護人每天忙著生活，也沒辦法充分注意自家孩子的狀況。在這樣的日子裡，可以看到孩子們不知道該把自己的焦躁發洩在什麼地方。

釜石小學的老師們努力應對孩子們的變化，像是參加心理輔導的進修會、以監護人為對象由臨床心理師舉行說明會等。

1　黃金週：日本在每年四月底至五月初的一段連續假期。

像這樣在接受專家建議的同時，對於監護人、特別是母親們來說，老師們成為可靠的商量對象。有很多媽媽們只要孩子一出現令人擔心的狀況，就會直接走訪校長室，向加藤校長請教、或是開誠布公說出自己的煩惱。能形成這樣的關係，或許與釜石小學學童人數不到兩百人的規模，以及加藤校長身為女性有關。

此外震災當時，加藤校長時常走訪孩子們與他們家人所在的避難所。藉由互相擁抱落淚以及促膝談心，縮短了學校與家庭之間的距離，不管是父母們或孩子們都因此感受到強烈的安全感。

某個年級在震災後，有段時間上課到一半，孩子們很明顯出現了喧鬧、擅自離席等問題行為，但在校方與家庭頻繁聯絡、互相交換資訊下，孩子們的狀況逐漸穩定下來。

蘊藏在「釜小防災日」的心意

震災之後三個月過去，到了六月的教職員會議時間，釜石小學的老師們再度面臨了嶄新的課題，那就是接下來的防災教育該如何進行。

學校復課之後一段時間，由於顧慮孩子們的心情，防災教育因此中斷，然而餘震不斷持續，巨大海嘯也許會再度侵襲。震災前，釜石擁有引以為傲、世界最深最長的灣口防波堤，還榮獲金氏世界紀錄（Guinness World Records）刊載，但這樣的防波堤卻也被海嘯破壞殆盡。若是和三月十一日當天相同規模的海嘯又再來襲，讓人擔憂災情恐怕會比上次範圍更廣更大。

但是即便如此，要教導孩子們海嘯相關事項，難道不會太早嗎……教職員會議中提出各種意見，但最後加藤校長決定「為了守護生命，我們要恢復防災教育」。

「我們會擔心孩子們發生情境再現（flashback）[2]的狀況，也有人提出希望至少今年一年不要進行防災教育會比較好的意見。但是新入學的一年級新生，卻是一次也不曾接受過防災教育，他們不知道該逃往哪裡，也不知道避難場所。就因為災難不知何時會發生，所以我認為如果繼續這樣就無法前進，決定要在顧慮孩子們心情的同時，也向前踏

2　情境再現（flashback）：又稱「閃回」，指過度驚嚇造成創傷經驗後，當事人因文字、畫面或外在環境觸發而瞬間感覺自己重回事發現場，情景鮮明有如再次親身經歷，而造成強烈的情緒或行動反應。

出一步。」

加藤校長於是決定將每月十一日，命名為「釜小防災日」，恢復防災課程。

七月十一日第一次，是預設理科教室起火，要進行火災避難訓練。為了不造成孩子們過度的心理負擔，朝會上老師告訴孩子們「今天有避難訓練」，並做了以下說明：

「釜石小學的各位同學們，都是從三月十一日的震災中，靠自己的力量守護了自己的生命，你們擁有很了不起的能力。為了要珍惜大家從震災中保衛下來的生命，釜石小學從現在開始也將努力致力於防災。進行避難訓練時警鈴或警報器會響起，但這並沒有什麼值得害怕的，因為這些裝置是為了要保護大家的性命負責通知大家用的，所以請大家一定要冷靜行動喔。」孩子們每個人都認真聆聽老師的話語。

在這之後，第一節課上到一半警鈴響起。事發突然，孩子們露出驚慌的面容，但卻又馬上重新恢復冷靜，排隊走向操場。沒有一個孩子出現老師們原本擔心的情境再現（flashback）或是感覺到不舒服的症狀。

從我們正在採訪的視角中所看到的，是那一天，釜石小學的老師和孩子們，跨越了一道「高牆」。

而就在這個時候，釜石小學的老師們，一起穿上相同款式的T恤站在孩子面前。背上印著大大的「釜小團隊」的字樣。

「無論發生什麼事，老師們都會團結一致支持著大家。」

從T恤本身，就能讓人深刻感覺到這群老師們想要傳達的訊息。

第二部

向釜石學習

第三章　靈魂人物・片田敏孝教授的防災教育

「我們是因為實行了學校所學而保住性命，所以所有人平安獲救並不是奇蹟，而是實際成果。」這段話是從釜石小學一名六年級男同學口中說出的。

小學生之所以能夠說出這樣一段話，讓人不禁思考究竟釜石的孩子們在學校學到了什麼呢。

接下來我們將介紹一位從根本打造釜石防災教育的靈魂人物。

避難率僅僅「一點七％」的衝擊

有位被譽為創造「釜石奇蹟」的靈魂人物，他是群馬大學的片田敏孝教授。

震災之後，只要一發生天然災害，媒體就幾乎一定會引用片田教授的評論，因此應該有很多人在電視、報紙或雜誌上看過教授的名字和模樣吧。

我首次採訪片田教授，要回溯到二〇〇五年左右。當時教授向我解說了即使警報器或警鈴響起，也無法立刻開始避難的所謂「正常化偏見（normalcy bias）」這樣的人類心理狀態（正常化偏見的詳情容後再述）。從那時開始，片田教授就持續致力於「不讓人死去的防災」。

片田教授出身岐阜縣，是位土木工程專家。他說他在就讀岐阜高專時期，分析集中在車站周邊停放的腳踏車與人之間的行動有怎麼樣的關連，得知「將社會或人的行動，以數理方式解讀是非常有趣的」。

而之後，聽說發生了某件事，讓他察覺「決定人類行動的，並非專業的知識」。那是在他就讀豐橋技術科學大學研究所時期，為進行人口密度過於稀少的調查，而進入愛知縣三河地區山區時所發生的事。當時年長者大家都看似過得很幸福，無論專家怎麼呼籲「人口太稀少、人口太稀少」，這群老人家也絲毫不打算下山到便利的地方過生活。

此外二〇〇四年七月，針對新潟地區遭受豪雨襲擊之後所進行的調查中，詢問當地一名老婆婆，為什麼都已經發出警報了卻不去避難？據說老婆婆回答：「這棟屋子是我和死去的老伴一起打造的家，要是這個家被沖走了，我覺得是老伴來接我了，我會很高興能一起上路。再加上要是屋子被沖走了，我也沒有重建的力氣，與其過著沒有安身之處的辛苦人生，還不如在這裡死了比較快活。」令人意外地，片田教授頗能體會老婆婆的這段話。

片田教授認為，「對專家來說，避難是最佳解決方案，但如果從老婆婆的角度來看，不逃跑好處反而比較大。對於像這樣的人們，只說『快逃』，在防災上是發揮不了作用的」。

但要是對那位老婆婆說：「要是被洪水沖走死掉的話，『死狀會很慘』，而且我想您兒子恐怕會一輩子活在懊悔中」，老婆婆會覺得這樣說也沒錯啦……聽說她於是答應下次會去避難了。

從這樣的經驗中，片田教授強烈認為，防災必須站在要去避難的人的立場去思考。於是

群馬大學教授片田敏孝

他著眼於「人心」，開始著手研究「災害社會工學」，內容包含防災教育、災害時的資訊傳達、以及引導避難的理想狀態等。透過與居民之間的工作坊等單位，在全國推展地區防災活動。

片田教授認為，「與其坐在書桌前寫一篇論文，還不如實際進入當地與居民共商避難對策，這樣的防災效果才會大」。片田教授長期以來在學會中都被視為是異議分子，但在日本三一一強震之後狀況卻截然不同。來自全國各地教育現場以及地方政府的演講邀約蜂擁而至，邀約場次一年甚至達到一百五十場。上午他才在東京演講，下午又趕到三重縣和名古屋演講，隔天一早再前往九州……像這樣令人瞠目結舌的忙碌行程持續好幾天。

此外，在位於中美洲尼加拉瓜沿海地區的萊昂省（León），有個叫做Salinas Grandes的小鎮，片田教授過去因為日本國際協力機構（JICA）支援事業的關係，也曾以當地居民為對象致力於防災。因為這樣的因緣際會，這個小鎮每年四月都會舉行「片田祭」，邀請片田教授造訪。由過往因海嘯，居民不幸罹難的經驗擷取，將片田教授的「避難心得」以短劇方式呈現，不斷持續努力，要讓這一切成為小鎮文化傳承下去。

片田教授正式在防災教育嶄露頭角，是緣於某個調查。

日本時間二〇〇三年五月二十六日下午六點二十四分左右，發生了震央在宮城縣海域、芮氏規模七點一的強震。三陸沿岸多處觀測到五弱至六強的強烈震度。

三陸沿海地區至今曾屢次被海嘯侵襲，像是明治三陸海嘯、昭和三陸海嘯等。二〇〇三年發生地震時，日本氣象廳發表「毋須擔心造成海嘯」的資訊，是在地震發生十二分鐘後。片田教授原本認為在這段時間內，居民會前往高臺避難。

然而實際上卻並非如此。片田教授從仙台市到岩手縣宮古市進行避難狀況調查，竟得知幾乎沒有人去避難。

在這之中讓片田教授倍感衝擊的，是宮城縣氣仙沼市的資料。氣仙沼市過去在明治三陸海嘯中曾有五百一十二名居民罹難，而在二〇〇三年的地震則出現了震度五強的劇烈搖晃。儘管如此，為防範海嘯來襲而儘快前往避難的居民卻僅僅只有百分之一點七。雖然有超過八成的居民在地震後「想起海嘯」，超過六成的人認為「海嘯會來」，但卻基於「海嘯雖然可能會來，但應該還好吧」這類的理由沒去避難。

危險迫在眉睫卻認為「自己不會有事」這樣的人類心態，被稱做是「正常化偏見(normalcy bias)」，這是發生災難等狀況時導致延遲避難的主要危險因素。

「這樣的狀態若是置之不理，當有一天海嘯真的來襲時，絕對會造成重大災難。身為一名防災研究者，我絕不能置若罔聞。」

片田教授感受到強烈危機感，決心認真深入海嘯防災領域。但如果要將三陸沿海全都包含在內，範圍未免太廣，因此他的目標是，以某處達成「零罹難者」為標的，完成海嘯防災的雛形，進而將之推廣到三陸各地區。

當他向三陸各地方政府提出「要不要一起進行海嘯防災教育」的提議時，舉手贊成的就是釜石市。除了釜石市之外的地方政府，據說幾乎都沒有什麼反應。

「防災演講會」嚴峻的現實

因為這樣的機緣，片田教授從二〇〇四年起擔任釜石市的防災、危機管理顧問。

他思考如何在提高對海嘯防災意識的同時，也能創造出無論經過多少個世代只要遇上災難，都以「逃跑是理所當然」的想法面對的「文化」。

他首先以針對大人舉行海嘯防災相關演講會為起頭。

在釜石反覆舉行演講會的某一天，一位到場的老先生向片田教授打招呼。

「教授，今天的演講內容也非常容易理解。我啊這次已經是第八次來聽您演講了，您每次的演說都很棒，讓我非常感激。」

片田教授邊回答「謝謝您」的同時，內心卻悵然若失。

「來聽演講的，每次都是同一批人。因為還會特地來聽演講，應該是原本就對海嘯防災意識比較高的一群人。然而事實上，不來會場的那群人，他們的防災意識如果無法提高，就不可能達成零罹難者的目標。特別是要如何增加年輕世代的參加者是重要課題。」

到底要怎麼做，才能讓不來聽演講的多數人加深對海嘯防災的概念呢？片田教授感受到與不想來會場的人之間建立「溝通工具」的必要性，他想到的是「孩子」。他認為若是倡導「讓孩子放心安全」的海嘯防災教育，就能喚起父母或老師等大人的關心。

以「孩子」為對象，還有另一大利基。孩子們過十年會成為大人，二十年後就是父母，如此一來就能創造出具有防災意識的家庭，在這樣的家庭下長大的孩子應該也會自然而然提高防災意識。海嘯防災觀念在家族中延續，進而也能在地區扎根。

如此一來，以「十年為單位的防災」為長期努力的目標，片田教授決定將作法轉向「以孩子為對象的防災教育」。

不對防災教育感興趣的教育第一線

片田教授迅速在釜石市內的學校巡迴，想「推動海嘯防災教育」，但反應卻不熱烈。部分原因在於老師們多數出身內陸地區，感受不到海嘯防災的必要性。再加上在教育現場還得處理綜合學習課程等，有很多人指出「已經沒有把授課時間分給防災教育的空間」。

倍感困擾的片田教授，於是造訪釜石市的教育委員會，向河東真澄教育長（時任）懇切說明海嘯防災教育是何等重要。也許由於河東教育長是出身釜石當地，對於過去海嘯造成的災情慘況也非常清楚，於是他馬上答應片田教授。

說件有些離題的事，震災後我曾多次拜訪河東教育長。他是位目光銳利、具有威嚴的優秀教育者。在教育現場受到霸凌之苦而自殺等，有許多孩子的生命因此被奪去，有很多教育委員會對於如何處理這類事件不得不抱持著懷疑，但河東教育長所領導的釜石市教育委員會，卻認為讓孩子培養「守護生命的能力」才是教育的原點。

我們在此想要註記下「釜石奇蹟」誕生的背景，正是由於有這樣英明果斷的教育委員會。

回到正題，二〇〇六年一月二十三日下午，河東教育長在釜石市內所有中小學停課的同時，以職務為由，強制所有教職員參加片田教授的海嘯防災演講會。

因為這個契機，釜石開始大動作進行海嘯防災教育。

老師們的認知改變了

演講會中，片田教授對老師們提出這樣的疑問：「從過去的統計來看，海嘯必然是在孩子們還活著的時候來襲，但如果防災意識持續像現狀如此薄弱，真的有辦法保住孩子們的性命嗎？國語、數學等學科的學習當然很重要，但比起任何事情更該優先重視的，難道不應該是培養孩子們『自己的性命自己救』這樣的能力嗎？」

片田教授此番言論，成功說服老師們。演講會之後，以位於沿海地區的小學老師們為主，著手成立海嘯防災教育研討會。

雖說開始致力於防災教育，但老師們本身卻也不具備海嘯防災相關的專業知識。因此他們決定按照年齡，將孩子們分成小學一、二年級，小學三、四年級，小學五、六年級，國中一～三年級這四個年齡層，開發出適合各年齡層的教材。老師們定期聚會，在請教片田教授建議的同時，也討論如何教育能夠提高孩子們的防災意識。

結果經過兩年的時間，完成了約九十頁厚度的《釜石市海嘯防災教育入門》。這本「入門」在震災後重新修訂，現在在釜石市的官網上也能看到。（http://www.city.kamaishi.iwate.jp/hagukumu/kyoiku_iinkai/bousaikyoiku_tebiki/__icsFiles/afieldfile/2015/03/13/manual_full1.pdf）

使用這份入門，片田教授在小學進行防災模擬課程，讓老師們親眼看到具體的課程進行方式。以此為範本，接下來是各個老師進行教學觀摩，與從其他學校前來觀摩的老師們彼此交換意見，研究要怎麼做才能讓孩子更容易理解防災教育內容。

片田教授能夠前往釜石市的頻率，頂多是兩個月一次，因此沒有辦法在釜石市三千多名中小學生面前直接進行防災課程，能夠指導孩子們的，只有在第一線的老師們。經過反覆持續摸索，目標「零罹難者」的防災教育，逐漸累積成形。

「釜石奇蹟」的靈魂人物片田教授認為，若是沒有在第一線承襲「片田主義」的老師們持續努力，就不可能發生這場奇蹟。片田教授在演講會中也總是強調，「正因為有釜石老師們的努力，奇蹟才會發生」。

沒想要逃的孩子們

在釜石推動防災教育前幾日，片田教授在二〇〇五年十二月，針對釜石市所有中小學生進行海嘯認知調查。結果，生活在海嘯常襲地帶的孩子們，他們的答案讓人無法想像。

針對「從學校放學回家路上發生強烈地震，你會怎麼做？」這個問題，回答「跑到附近高處」、「進入附近高的建築物」這類答案的只佔三成左右。幾乎所有的孩子們都回答，「趕緊回到學校」、「趕快回到家」、「呆呆站在原地」、「不知道該怎麼辦」。就算是自家位在淹水潛勢區域的孩子，回答「跑到附近高處」「進入附近高的建築物」的人連半數也不到。

接著針對「一個人在家的時候發生強烈地震，你會怎麼辦？」這個問題，回答「一個人趕緊逃到避難所」的孩子不到三成，絕大多數回答「向附近大人求助」、「打電話給家人」、「家人回家前靜靜在家等待」等，明顯傾向等待大人指示。自家位在淹水潛勢區域的孩子也呈現相同趨勢。

對於已經知道氣仙沼調查結果的片田教授而言，這個結果在某種程度上算是「意料之中」。他進而決定使用這份認知調查，訴諸孩子們的監護人防災教育的必要性。

片田教授在釜石市內的小學內，重新對孩子進行「一個人在家的時候發生強烈地震，你會怎麼辦？」的問卷調查，孩子們大多數回答「跟媽媽聯絡」、「等媽媽回家」。

片田教授不將這份問卷回收，而是附在「給各位母親」這封信中讓孩子帶回家。

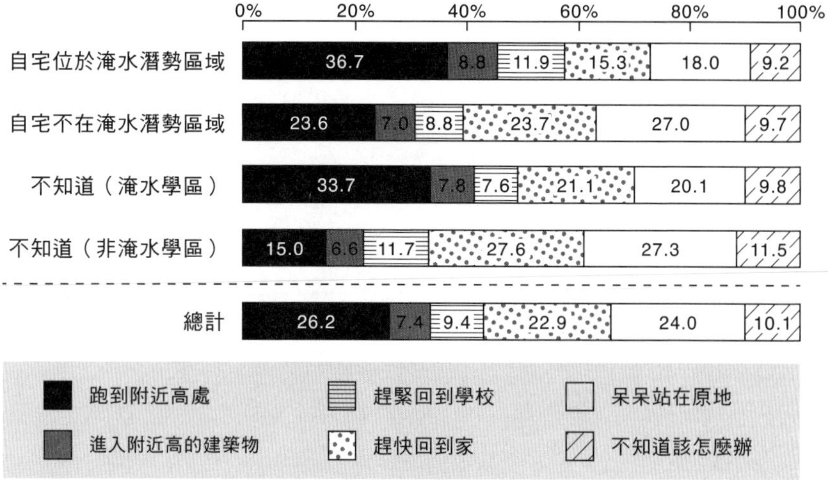

◎自己一個人在家，發生強烈地震時

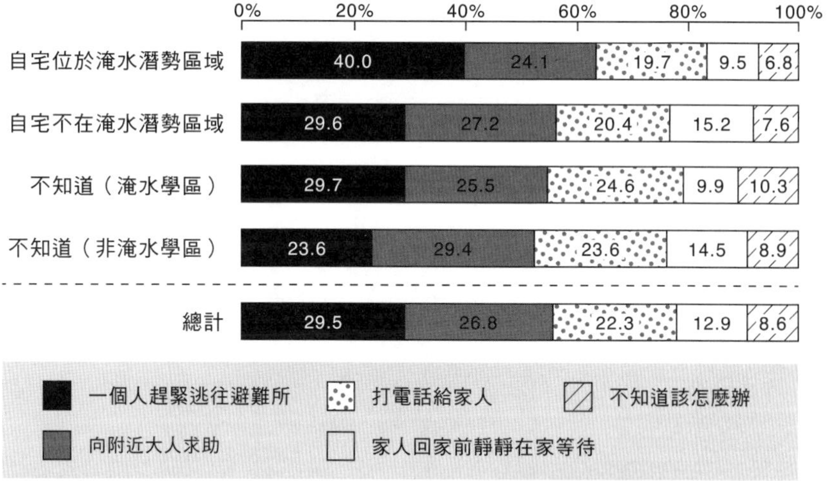

出處：群馬大學廣域首都圈防災研究中心

「請看看孩子的答案。下次遇上海嘯來襲，您覺得您的孩子有辦法存活下來嗎？」隔天，看了孩子答案的監護人相繼詢問「學校的防災教育是怎麼回事！」。片田教授向監護人呼籲，「我們一起攜手致力防災教育，讓下次海嘯來襲時，我們的孩子能成為可以保護自己性命的孩子吧」。透過「孩子的安心安全」，成功向從未來過演講會的年輕父母世代訴說防災教育的必要性。

從「威脅式的防災教育」轉變為「作法式的防災教育」

在進行防災教育時，片田教授非常重視一件事，那就是告訴孩子們「釜石市是多麼美好的一個地方」。

跟孩子們說話時，他總是這麼說：「老師我是在岐阜縣出生，現在則住在群馬縣，這兩個縣都沒有海。所以我覺得距離美麗海洋那麼近的釜石，是個好棒的地方啊，我真的愛上釜石了。老師也很喜歡魚喔，我真的好羨慕住在釜石的你們，因為這裡能捕獲好多好好吃的漁貨。

「釜石是個美好的城市。但要持續住在這個城市中，就必須面對不時發生的大自然巨變，也就是海嘯。

「不過並不需要感到害怕喔。海嘯通常是每五十年或一百年才會發生一次，只要做好準備，知道要是海嘯來了該怎麼辦才好、要怎麼做才能得救，擁有這些知識就能平安度過。面對海嘯做好準備，請大家認為這是為了能在擁有美麗海洋、美味漁貨、這個大家最喜歡的釜石，長久生活下去的『作法』。」

一講到海嘯防災教育，很容易讓人聯想到展示過往海嘯造成的災情相片，告訴民眾「海嘯就是這麼可怕」，但片田教授認為只靠著這樣「威脅式的教育」效果非常有限。

「要換發新駕照時，都會被要求強制觀看交通事故的相片或悲慘的戲劇對吧?!看完之後一段時間內會留心要安全駕駛，但時間一久就會淡忘，恢復原本的開車習慣了吧。防災教育也是相同道理。要是基於『海嘯很可怕所以要學習防災』，孩子們很快就會忘記海嘯的可怕，也就無法保留防災學習的動機。因此『威脅式的防災教育』是不具效果的。」

孩子們要是感覺「我不想住在有可怕海嘯會來襲的地方」，而討厭釜石的話，防災教育也就沒有意義了。片田教授希望達成的防災教育，是在教育眾人「對家鄉的愛」的同時，讓大家感覺到為了要在最愛的故鄉長治久安生活下去，必須學會這種「作法」。

海嘯避難三原則①「勿受制於預想」

那麼所謂的「作法」，具體來說又該怎麼做呢？

造訪了各式各樣災難現場，透過對居民進行認知調查等研究，片田教授察覺了在災難中為守住性命的「三件重要大事」，他將之統整為「避難三原則」。不僅侷限於海嘯，像是土石災害或水災也同樣適用這三項原則。

三原則的第一項，是「勿受制於預想」，說得極端一點，也就是「不要相信危害度預測地圖」這個意思。

近年來為提高居民的防災意識，許多地方政府製作了危害度預測地圖（hazard map），並分發給各個家庭。一拿到危害度預測地圖時大家首先一定會去看自己住家的受災預測。片田教授在進行防災課程，將危害度預測地圖發給孩子們時，大家也是議論紛紛，「我們家是安全的！」、「你家慘了！」等，整間教室鬧哄哄的。

所謂的危害度預測地圖，是基於過去發生的災難去預測受災情況製作而成的。以釜石來說，是去預想發生明治三陸海嘯等和過去相同規模的海嘯。但像是日本三一一強震般，發生「百年一次」的重大災難時，以過往資料所做出的受災預測就完全派不上用場。要是只依賴危害度預測地圖上的資訊，就無法處理「預想之外」的情況。

針對危害度預測地圖的「陷阱」，片田教授在NHK Special「釜石『奇蹟』——守護生命的特別課程」節目中，是這麼解說的：

「舉例來說，在日本每年有超過四千人因為交通事故死亡，但應該幾乎不會有人認為『我自己也許會死於交通事故』吧。相反的，對於彩券期待『說不定我會中獎』的人就不在少數了。

「人類在面對好事的時候，會認為自己有擁有權（ownership），但對於『你的性命會有危險喔』這種壞事，則會當作『與自己無關』的資訊處理。危害度預測地圖也與這種心態相同。人們會任意創造出自己認定的災害印象上限值，認為『災難只會到這裡』，無法想像超過這個範圍的狀況。危害度預測地圖終究不過是人類預想的一個劇本，將之囫圇吞棄是非常危險的。」

實際上在日本三一一強震中，海嘯就大幅超過危害度預測地圖的預測範圍。例如像是釜石市的「鵜住居」地區，就位在危害度預測地圖的淹水預想區域外圍，卻有許多人死亡。

片田教授分析，住在淹水預想區域內側的人們，在海嘯來襲前因為都去避難了所以得救，但外圍的人認為「我家應該不會有事」，而沒去避難、或太晚去避難，因而被海嘯吞噬。

一說「不要相信危害度預測地圖」，學校的老師們提出「要是這樣，那一開始就不要發危害度預測地圖不就好了嗎……」這樣的疑問。對孩子也是，無論怎麼跟孩子們說「不能相信這個地圖」都會讓人不知所措。

「但是，這非常重要，」片田教授如此斷言。「這是因為透過分發危害度預測地圖，再將之否定這樣的過程，能夠在一開始就自己察覺到『自己不受制於預想』。知道自己居住的地區或學校，在危害度預測地圖上被標記為有被海嘯侵襲的危險，這是非常重要的。但對於不在淹水預想區域內的人來說，很有可能會將之當作安心保證。將這種災害印象打破的教育是必要的。」

海嘯避難三原則②「盡全力逃跑」

片田教授提出的避難三原則第二項，是「盡全力逃跑」。並不是隨便去判斷「這種程度應該不會有事吧」，而是在那樣的狀況下自己必須盡可能竭盡全力去避難的意思。

除了釜石小學之外，還有另一群孩子在那一天竭盡全力去避難，並保住性命。那是釜石東中學和鵜住居小學的孩子們。

我們知道這兩所學校的情況，是在震災之後第四天，和片田教授一起進入釜石時的事。看到釜石面目全非的景象，片田教授只是愣在那兒，一句話也說不出來。到底有多少人不幸罹難？完全看不出受災嚴重到什麼程度。

釜石市的職員邊哭邊懊悔地說：「海嘯真的太大了。我們以前做的防災對策到底是什麼?完全沒有意義吧……我心裡只有滿滿的無力感……」

片田教授在釜石市內造訪了校舍受損特別嚴重的釜石東中學和鵜住居小學。兩個學校彷彿比鄰而建,在危害度預測地圖上不管是哪個學校都不在淹水區域內。但是海嘯從流經學校前的鵜住居川逆流而上,直達校舍屋頂,還有小型汽車插進小學三樓。

三月十一日當天,據說小學、中學共計有五百七十名左右的孩子們在校。那些孩子們和老師們不知道怎麼樣了……片田教授前往名為「御在所之里」的失智症老人團體家屋(Group Home),那裡是這兩個學校的指定避難場所。中小學聯合避難訓練時也曾練習過,海嘯來襲時就往那邊逃。然而這個「御在所之里」卻同樣受到海嘯襲擊,周圍全散亂著瓦礫堆。

那時一名住在附近的男性告訴片田教授:「我看見孩子們在海嘯來襲前已經從這裡逃走了。」這是事後才知道的,由於建築物旁的山崖已有些許崩塌,因此大家說「這裡可能也很危險」,於是趕往五百公尺遠的某個安養機構。後來從那個機構看到海嘯侵襲小鎮的慘況,大家又喊著「往更高的地方逃吧!」趕忙跑到位於山坡上的石材店。

孩子們避難的模樣,被一位居民用相機拍攝下來,我們借了底片沖洗出來的就是左方的相片。照片中的景象是年紀較長的孩子們牽著年齡小的孩子的手，奔跑逃避從背後接近的大海嘯的模樣。這張珍貴的相片，之後成為記錄下「釜石奇蹟」的相片，被許多媒體採用。

孩子們一開始逃往避難的「御在所之里」位在上坡處七百公尺左右，接著前往的安養機構則有五百公尺遠，要往石材店還得再爬上三百公尺左右的坡道。實際走一趟看看，就能瞭解這對於比較沒有體力的小學低年級孩子而言，恐怕是喘不過氣的距離。

即便如此，這群孩子被哥哥姐姐們牽著手，說著「海嘯可能會來！」拚命跑向更安全的地方避難。這無疑就是竭盡全力逃跑而保全了性命。

釜石東中學和鵜住居小學的孩子們避難的模樣

之後片田教授與委身在避難所的孩子們及學校的老師們見了面，確認大家平安無事。
「教授，孩子們都拼了命逃跑！這一切都要歸功於防災教育。真的非常感謝您！」
片田教授與老師們緊緊握住彼此的手。

片田教授說，要如同釜石東中學及鵜住居小學的孩子們般，在災難發生時竭盡全力，「事前的準備很重要」。眾所皆知這兩間學校對於防災教育都是非常努力熱心的學校。
「人類就算遇上危急時刻，也不會做出超過平常範圍的事。正因為有事前學習海嘯相關知識，調查避難場所等努力，孩子們才能在那一天竭盡全力逃跑。」
雖然大家都說「火場蠻力（亦即遇上危險腎上腺素大爆發）」，但也請不要忘記，如果沒有事前的準備，危急時刻能夠發揮出來的力量也會使不上力。

海嘯避難三原則③「成為率先避難者」

海嘯避難三原則的第三項，是「成為率先避難者」。意即「帶頭逃跑」的教育。

片田教授教導孩子們，不管別人自己一個人先逃出來，這個舉動雖然會被人質疑人性，但自己先逃跑，以結果來看卻能幫助到別人。

我們在NHK Special「釜石『奇蹟』——守護生命的特別課程」節目中，進行了某項實驗。錄影到一半突然讓警鈴作響。

當時攝影棚內有九位藝人，但大家都只是東張西望，沒有一個人想要逃跑。有的人認為「電視台攝影棚應該不會發生火災吧」，也有人覺得「這是什麼整人橋段吧」，還有人完全依賴他人，認為「要是真的發生火災的話，工作人員應該會來告訴我們」。

其實這就是為了學習何謂「正常化偏見」的實驗。人類即使在接收到「危險迫在眉睫」這樣的資訊，會認定「反正也不會太嚴重」，或「我不會有事吧」之類自以為是的想法，進而輕忽危險。

這樣的心態對於面對日常生活中所產生各式各樣的變化或是新的事物，可以避免心中產生過度反應導致疲乏，確實有其必要性，但在災害發生時，要是導致避難行動或初期行動應對太慢，就會造成生命暴露在危險之下。

而且「正常化偏見」具有很強大的影響力。二〇〇三年二月，南韓大邱市曾發生造成高達兩百人罹難的地鐵火警慘案。在公開的相片中，有張相片拍攝下奇妙的景象。儘管車廂內開始逐漸煙霧瀰漫，但乘客卻完全沒有想要逃跑的想法，只是沈默地坐在位子上。這張照片捕捉到明明危險迫在眉睫，卻使人不去逃跑的「正常化偏見」心態。

要擺脫這種「正常化偏見」是有辦法的，那就是通知危險之後得到的下一個「資訊」。在我們的節目當中，警鈴響了之後過一會兒，幾名工作人員開始呼喊「發生火災了！」、「快逃！」於是藝人們便不顧錄影，往緊急出口跑去。

在剛開始因為警鈴響起感受到不安的時候，「快逃！」第二個資訊這時候出現，就會讓人感覺「現在我正處於危險的狀態」，能夠採取避難行動。

深知人類這樣心態的片田教授，教導孩子們「你要先逃跑」。他告訴孩子們：「沒有人想要逃跑時就只有自己先跑，這也許還蠻丟臉的，要是弄錯了，之後也或許會成為大家的笑柄。即使如此，你卻鼓起勇氣逃跑，周遭的人也會因此感覺『必須要逃』，也就會跟著你逃跑了。這麼一來就能拯救大家的性命。」

這樣的教育，由釜石東中學的學生們徹底實踐。地震之後，原本在校園中的好幾名學生，不等待老師的指令立刻跑去高臺。附近居民看到這個景象也感覺「逃跑比較好」，於是跟在這群孩子後面去避難。透過這群中學生鼓起勇氣逃跑，結果讓許多生命因此獲救。

自己的性命自己救的「態度」

透過這樣的「避難三原則」，片田教授教導孩子們的是，要學會「自己的性命自己救」的「態度」。在第一章中，我們曾介紹了釜石小學小朋友的避難行動，所有孩子們的共通點，無疑就是「自己的性命自己救」的想法。天然災害常以超過預想的姿態向我們席捲而來。即使想按照指南教導孩子「這時候應該要這樣做」，這未免有太多變數、力有未逮。要是無法評判自己身處的狀況，並對這樣的狀況即刻做出行動，就無法守護生命。

片田教授是這樣強調的：「災難發生時幾乎都會聽到居民們說，『沒有收到行政單位下達避難指示啊』。的確行政單位有提供安全相關資訊的義務，但將自己的生命安全，完全託付給行政單位這是對的嗎？我們對自己的生命不用負責是對的嗎？

「釜石的孩子們，並非是等到行政單位或周遭的大人要他們『快逃』才逃跑的。他們是自己判斷『待在這裡很危險！』在警報發出前就穿好鞋子，逃往高臺的。

「正因為學會主動判斷、採取行動的『態度』，這才是『釜石奇蹟』發生的原因。希望大家千萬不要忘記這一點。」

第四章　釜石小學培育的「生存能力」

釜石小學的孩子們不等待大人的指令，自己做出判斷儘早去避難，因而守住性命。這個事實透過「close-up現代」及「NHK Special」兩個節目廣為流傳，得到許多迴響，釜石小學的防災教育也開始受到社會各界矚目。

二〇一三年十二月，日本首相安倍晉三訪問釜石市，在視察重建現狀的同時，也聽取釜石小學老師們就震災當時的狀況，及平日對於防災教育的努力進行說明。對於視察後記者團的採訪，安倍回答：「我深切感受到防災教育、防災訓練是何等重要。今後希望強化防災教育。」此外，具高知名度、被暱稱為「尾木媽媽」的教育評論家尾木直樹先生，也造訪了釜石小學觀摩他們的教學情況，並在部落格記錄下「我感動得要命！」

教育相關人員觀賞過我們所製作的兩個節目，紛紛表示「釜石小學的防災教育相當耗費時間吧」、「不清楚我們能否進行相同課程」這樣的感想。但就結論來說，震災前釜石小學為了防災課程所耗費的時間，一整年大約四、五個小時。在一般的學科學習及學校活動等夾縫中，為了防災教育能分出的時間非常有限。但要在極短的時間內達到具有效果的課程，老師們可是絞盡腦汁、煞費苦心。

這一章我們將介紹絞盡腦汁的老師們的「智慧」和「苦心」。期待大家未來在思考學校防災時，務必能成為參考。

放學時的海嘯避難訓練

「釜石小學的防災教育」中，最具特色的就是「放學時的海嘯避難訓練」。一說到避難訓練，通常就是預想校內某處發生火災，學童一起逃到校園操場上，或是為了在地震中保護自己而躲到桌子下。釜石小學在這樣的避難訓練之餘，每年也會舉行一次預想海嘯來襲的訓練。

「學校位於高臺，因此在學校的時候即使遇到地震也不必去避難，但很多孩子們要回到海邊附近的家。要是一個人放學回家的路上，或是跑去海邊附近遊玩時遇上了大地震要怎麼辦才好？我認為一定得讓孩子學會一個人逃往距離最近的避難場所。」加藤孔子校長告訴我們進行這項訓練的企圖。

「放學時的海嘯避難訓練」如下述步驟進行。

當天，學童按地區分成不同小組集體放學。放學途中「地震發生」的警報器響起，這時並不是馬上逃跑，而是教導孩子「還在搖晃時蹲到地面上保護頭部」。因為如果沒注意到從半空中掉落的物品，受了傷無法去避難，就有可能被海嘯捲走。

之後，估計搖晃停止的時間點，播放大海嘯警報。把警報當作信號，孩子們開始前往距離最近的避難場所避難。警報器及警報，是拜託釜石市的防災課，從實際設置在街上的防災無線電當中播放。這也會波及路上的人們，成為大規模的訓練。要進行訓練時，老師們先會在路上用孩子們的速度走路，隔幾分鐘讓孩子們開始會比較好等等，事前都會反覆準備。

採訪釜石小學的孩子們，問他們：「三月十一日那天，在學校所學到的事情中，最有用的是哪件事呢？」最多的答案就是「放學時的海嘯避難訓練」。

實際上對於孩子們的這個答案，我們感覺有些意外。我們雖然觀摩了訓練時的情況，但因為訓練時小朋友不是跟朋友開玩笑就是聊天，不少孩子看起來認真度實在不太夠。加藤校長也苦笑著說：「訓練時教導他們的內容，我也很擔心會左耳進、右耳出啊。」

但當許多孩子回答：「因為經過實際的逃跑訓練，地震時身體就馬上動了起來」，或許可說是足以證明像這樣實踐型的訓練，在危急時刻能夠發揮強大的效果。

釜石小學舉行「放學時的海嘯避難訓練」，是從加藤校長到任的二〇〇八年開始。第一年是在教學參觀日舉行，監護人也有參加，但為了讓孩子們學會一個人的時候也會去避難，從隔年開始就只有針對學童舉行。二〇〇九年第二度、二〇一〇年第三度舉行訓練，二〇一一年三月十一日就「正式登場」了。

即使只有三次訓練，孩子們卻能運用所學前往避難，這讓人不由得重新感受到，「教育的力量」有多麼大。

放學時的海嘯避難訓練情況

「我們的安全地圖」

釜石小學每年都會以「我們的安全地圖」為題，努力製作避難地圖。低年級的孩子們和監護人一起，三年級以上的孩子則自己調查，徒步從家裡到學校的上學路上，危險地點和避難場所在哪裡，並記錄在地圖上。

我們看了孩子們實際完成的作品。地圖上和插圖一起記錄下「地震也許會造成磚瓦掉落」、「招牌看起來會倒，很危險」等各種注意事項。不只有天然災害時會產生的危險，像是「車多危險」、「提防有熊」（釜石小學學區內會有熊出沒）等，也記載著身邊可能出現的危險。

以各自的「安全地圖」為基礎，孩子們依據不同地區集合，研究危險的地點和避難場所。這是為了讓孩子預先知道，不只自家周邊，去朋友家玩的時候也能知道該往哪裡避難。接著將「危險資訊」及「避難場所」寫在便利貼上，貼在全體學區的巨大地圖上。完成的防災地圖公開在學校內顯眼的地方，讓「哪裡會有哪種危險」、「應該要往哪裡逃」這樣的資訊，時常映入孩子眼簾。

從第一章當中介紹的孩子們的證詞當中也可以瞭解，即便三月十一日當天感受到地震搖晃的可怕，也能馬上想到避難場所並迅速前往避難，就是因為這樣的學習不斷反覆的結果。即使在離自己家有段距離的地點等待朋友會合的孩子，也能毫不猶豫前往最近的避難場所避難。

另一方面，監護人也因為要製作「安全地圖」，藉由跟著孩子一起在區域內行走，提高了防災意識。

媽媽們曾說過：「去年也做過安全地圖，還要再做一份相同的東西嗎？一想到就覺得很麻煩，但卻因此在地震時能夠立刻想到避難場所在哪裡並前往避難。」

釜石小學製作的「我們的安全地圖」

此外，也有人說「因為知道孩子們在學校都已經被教導該往哪裡逃跑，所以才能毫不猶豫『各自奔』。」能夠堅信「自己的孩子一定會逃跑」這樣的背景，正是因為有學校的防災訓練。

海嘯防災課程

「放學時的海嘯避難訓練」、「我們的安全地圖」，再加上「海嘯防災課程」，這三者成為釜石小學防災教育的支柱。

使用和片田敏孝教授一起製作完成的「釜石市海嘯防災教育入門」（釜石小學有兩名老師參與製作），配合各學年孩子的發展階段，教育孩子們海嘯是怎麼樣的現象。課程使用道德及綜合學習時間，每年進行三～四小時左右。

我們得到許可，採訪了好幾個班級的防災課程。

一開始採訪的是四年級班上，運用卡通，學習地震、海嘯發生的機制。老師解說像是日本列島周邊共有四個板塊重疊，板塊時常會移動，當板塊形變蓄積，板塊的邊界就會移動錯位或崩塌，造成地震發生，因為地震而產生的海面高低落差就成為海嘯，孩子們大家都非常認真地聽課。正因為現場老師們使用這份「入門」，即便是有難度的題材也能成功吸引孩子的注意。

透過這個課程，孩子們能夠正確理解為什麼日本三一一強震會發生，同時也能知道「在日本，無論什麼時間點在什麼地方再度發生大地震、大海嘯也不奇怪」這樣的事實，進而銘記從日常生活當中就必須要時時做好面對災難的準備。

五年級的班級中，海嘯及避難的相關知識則是以圈叉的快問快答方式進行學習。雖然是很有趣的課程，但快問快答的內容具有高度的實踐性。像是對於老師提問「針對海嘯要避難時，『要逃到遠離海邊的地方』答案是圈還是叉？請作答」，大多數的孩子們會回答「圈！」但答案是「叉」。

「由於海嘯會從河川逆流而上，因此即使遠離海邊也不能安心。前往距離近但高度高的地方避難是比較合適的。」對於老師的解說，教室中一片噓聲，孩子們大喊：「喂，這根本是陷阱題！」但孩子們的筆記上，卻確實寫下了「海嘯時比起逃得遠，不如爬得高」。

這樣的知識不斷累積，我們感覺災難發生時這就會成為生死兩隔的關鍵。

採訪過程中，讓我們印象最深刻的就是一年級的課程。對於一年級的小朋友來說，這一天是在學校第一次接受防災課程。由於有孩子對於震災留有可怕印象，該要怎麼上課？老師絞盡腦汁，但決定延續往年，使用影片進行課程。這是在第一章的長谷川葵小弟弟也曾提到的，由港灣空港技術研究所製作的實驗影片。

課程一開始，老師先給孩子們看一張被切成上下高度約五十公分的水藍色紙張，這麼問孩子。

「假設五十公分的海嘯朝釜石席捲而來。這時候大家該怎麼辦呢？」

「那種高度的話就走路逃跑！」

「游泳的話就沒問題了！」

許多孩子對於這種高度的海嘯完全不覺得可怕！

「那麼大家來看看這個。」老師播放實驗影片。

面對浪潮站著的男性跟前，首先是五十公分高的「一般波浪」流過，浪花在腳邊散開，這位男性也穩穩站立不動。

但「五十公分的海嘯」情況就截然不同了。水勢如同牆壁般襲來，男性一轉眼就摔倒被沖走。孩子們愣住，盯著眼前的景象。

看完影片之後，老師要求孩子們說說心得感想。

「我還以為五十公分而已沒什麼關係，現在知道原來不能這樣想。」

「連男性大人都會被沖走，小孩絕對會被沖走的。」

「海嘯來襲前不趕快逃的話就會死掉。」

孩子們感受到迅速避難的必要性。

對於是否該給孩子們看海嘯影片或實驗影片，贊成和反對的聲浪都有。我們的節目中是否該使用三一一強震的影像，也經過工作人員內部的再三討論。

然而，在防災課程之後，詢問釜石小學的孩子們「電視中不要播放海嘯影像應該比較好吧」，沒想到回答「應該要播放」的孩子卻比較多。理由是「不實際看到海嘯的影像，就不會知道到底有多可怕，小朋友也就不會想要逃跑了」。

也會有孩子看了海嘯影像而感覺不舒服吧。然而這並非沒頭沒腦去灌輸孩子恐懼感，若是同時教導怎麼做才能守住性命的話，就能成為具有效果的防災教育，我們認為這是釜石小學的孩子們展現給我們看的。

培育「生存能力」的防災教育

釜石小學致力於海嘯防災教育，是從加藤校長就任的二〇〇八年開始。出身盛岡、多在內陸學校工作的加藤校長，在那之前並未有進行海嘯防災的經驗。然而當她到釜石市就任後，聽到釜石市教育委員會的河東真澄教育長（時任）說：「不久後的將來，宮城縣海域將有很高的機率發生地震。希望學校能成為放心安全的地點。」

當下加藤校長就想「這一定要做」，因為她幾乎感受不到孩子們對於海嘯的危機意識。

加藤校長回顧當時，「孩子們及家庭的海嘯防災意識，客氣來說也絕對不算高。釜石市在昭和大海嘯紀念日以及智利地震海嘯日都有舉行海嘯避難訓練，但參加訓練的孩子大概只有一成。參加率如此低都是基於『因為我家裡的人說不逃跑也沒關係』這類的理由。不只孩子及監護人，就連老師們的危機意識也很薄弱」。

加藤校長宣布「未來學校將盡全力進行海嘯防災教育」，但一開始卻也沒受到老師們一致贊成。防災教育無論耗費多少時間，如果不遇上危急時刻根本看不到成果。與片田教授一起編寫教材時，老師們之間也充滿疑惑。

「我知道老師們會有『本來就已經很忙了，為什麼還得要做這件事……』的想法。但學校必須要成為能讓人放心安全的地方。無論要做些什麼，必須先是要活著才有可能。因此我告訴老師們，首先就是要進行重視生命的教育。

「漸漸地老師們也開始理解我的想法，他們表示自己無法想像，釜石小學明明有許多孩子住在沿海地區，省略對抗海嘯對策的學校教育會是怎麼樣子。大家互相觀摩課程，討論像是今天講的哪一點小朋友好像會有點難理解，或是下次不如這樣做做看之類，彼此分享心得。」

為了讓學童的監護人也能夠理解防災教育的重要性，校方也曾在教學觀摩日進行防災課程。加藤校長說：「讓家長也看到這樣的課程，也能提高大人的防災意識吧。我們告訴家長，學校是這樣教育孩子的喔，那麼家長看了之後，就會去思考在家裡要怎麼做會比較好。因此我認為應該要盡可能地公開。」

監護人當中也會有人感覺「還蠻煩的，一直教小孩趕快逃、趕快逃」，但因為這個課程事關孩子性命，因此也不至於說出「比起防災教育，更應該進行能夠提升學習力的課程」這樣的話了。

在防災教育當中，加藤校長最為重視的，是「培育能對自己生命負責的孩子」。我們都不知道災難什麼時候、會以何種形式出現，周遭的大人也有可能不知道該逃跑。加藤校長認為能夠主動判斷「即使是這樣我也要逃」，並學會守護自己性命的能力，這一點比起任何事都更為重要。

然而僅僅靠著一年當中只有幾小時的防災課程，不太可能讓孩子培養出這樣的能力，因此加藤校長即使在日常生活中，只要一有機會就會跟孩子聊聊「守護性命的重要性」。

二〇〇九年六月十六日的全校朝會上，加藤校長說了這樣的故事：

「昨天六月十五日對於釜石地區來說，是個無法忘懷的悲慘日子，也是不能忘記的日子。那是距今一百一十三年前的明治二十九年六月十五日，明治三陸大海嘯發生的日子。

「地震發生二十分鐘後，當發現海水迅速往後退時，巨大的海浪已經席捲而來。所謂巨大的海浪，高度大約有四十公尺高，是這個學校的兩倍或三倍高。在釜石地區，特別是濱町和東前（孩子們住家所在區域）一帶，無論是房子或人，城鎮所有東西都被大海吞噬，造成非常多人罹難，是非常悲傷的一天。

「現在大家都有製作防災地圖對吧。這是為了讓大家無論在什麼時候、無論身在何處、即使只有自己一個人，當強烈地震發生後，海嘯來襲之前能夠順利逃到避難場所而製作。是為了讓大家能夠靠自己守護自己最寶貴的性命。

「上學途中或放學回家的路上，會遇到只有自己一個人的時候吧。不過發生狀況時並不是要尋找家人回家喔，而是要就近前往避難場所。你們的爸爸、媽媽，也會各自就近前往安全地點避難，所以千萬不要擔心，之後大家一定會再相見，所以即使只有自己一個人也要逃跑。這一切都是為了讓釜石地區不要再次發生如同明治三陸大海嘯般的悲劇。」

這場全校朝會在歷經一年九個月後，釜石小學的孩子們，無疑是按照加藤校長所說採取行動。

加藤校長說：「常聽人說在這場震災中，『在大自然的猛烈反撲下，人類是渺小無力的』，但孩子們用行動告訴我們並非如此。釜石小學的孩子們以及老師們，他們都是我的驕傲。」

如今，日本文部科學省[1]在學習指導要領中，提出培養「生存能力」的理念，但為要培養出孩子們的「生存能力」，不也正是考驗了負責教導的老師們的熱忱和態度嗎。

在釜石小學，老師們經過不斷摸索、反覆嘗試，一步一步累積而成了防災教育。

就算把釜石小學的防災教育指南化，也未必都能在所有學校提升效果。如果不去按照不同學校以及不同地區的實際情況量身打造，指南充其量也只會淪為「紙上談兵」。

1　日本的中央行政機關之一，負責統籌規畫日本國內教育、學術、文化、科學技術和體育等事務。

大人自己如果不拿出從正面面對生命的態度，也就無法培養孩子們的「生存能力」。

這是當我們在採訪釜石小學的老師和孩子們深刻感受到的。

第五章　成為負面教材的「大川悲劇」

到目前為止我們介紹了「釜石奇蹟」的細節，以及「奇蹟」誕生的背景，但思考今後的防災，有個應該要記取的教訓，那就是「大川悲劇」。

石卷市立大川小學，在日本三一一強震中，全校一百〇八名學童中有七十人喪命，四名學童至今依然下落不明。罹難人數如此慘烈的學校，就僅只大川小學一所。

震災發生當時，大多數的孩子們都還留在學校。儘管在老師們的管理下，為什麼還會有那麼多的孩子不幸罹難呢？從這樣的疑問中，二〇一一年九月十四日，我們製播了close-up現代「巨大海嘯侵襲小學～石卷、大川小學的六個月～」節目。節目中我們採訪了倖存學童及其監護人，以及附近居民，試圖查證那天大川小學到底發生了什麼事？為什麼來不及避難？

原本我們認為像是這樣的查證，應該是要由市或縣的教育委員會，或者文部科學省等公部門執行，但當時卻完全沒有人進行多方查證，這也許是因為石卷市除了大川小學之外還有許多學校受災，相關單位已經分身乏術。但罹難者家屬之中，因為有著「為什麼我的孩子會在原本應該是安全地點的學校罹難？」、「我不希望再看到教育現場發生這樣的悲劇」等等想法，要求查證的聲浪日益強烈。

佐藤敏郎先生在海嘯中痛失當時小六的次女瑞穗，他是這樣告訴我們的：

「我認為所謂超脫，指的不是忘記痛苦往前進，而是必須好好接受事實，避免讓相同事情再次發生。當老師們被捲入海嘯時，恐怕也懷著『要是當時這麼做，就能拯救孩子了』，這樣懊悔萬分的心情罹難。就算是為了這些老師們，也絕對有必要進行查證。」

「釜石奇蹟」與「大川悲劇」——在這兩個現場採訪時所強烈感受到的是，「守護」或是「奪去」孩子們性命的，全都是大人的責任。

大川小學在震災當時共有十三名教職員在編制內，三月十一日當天在學校內的十一人中有十人不幸罹難。在這裡我們可以如此斷言，老師們直到最後瞬間，都是拚了命在保護孩子們。其中有老師的遺體被發現時，懷中還緊緊抱著學童。即使如此，從校長到大川小學的教職員，以及管轄機關石卷市教育委員會，全體對於海嘯及防災教育認知的輕忽程度，或許就是導致孩子們生命被奪去的可能原因吧。

而我們在此特別想要強調的，是在採訪教育現場之後，就會發現全國還有無數所學校都有可能發生如同大川小學般的「悲劇」。如果繼續像現在這樣，肯定隨時會有第二個、第三個大川小學出現。

在這一章中，我們將採用之前未曾在電視上播放過的證詞，這些證詞都是是為製播close-up現代節目「大川小學在那一天到底發生了什麼」所採訪到卻沒能播出的。同時也以二〇一三年二月完成的「大川小學事故查證委員會」最終報告為根據，試圖思考未來在學校、組織內對於防災該有的態度。

在學校管理下發生的意外

大川小學，位於距離海岸大約四公里左右，一個名為「釜谷」的村落。學校前有北上川流過，附近田園景致一覽無遺，是所平靜而悠閒的小學。但卻因為大海嘯的襲擊，讓這個村落完全消失，如今過往的痕跡一點也沒留存下來。

大川小學是在一九八五年將河北町立大川第一小學與大川第二小學合併建校。

人口密度過於稀少以及少子化的趨勢下，孩子們在這裡被當作是「地區之寶」，備受寵愛成長。學校與地區居民關係也非常良好，據說像是運動會等學校活動，當地民眾總會熱情參與。一位住在學校附近的女性告訴我們，「那是群總是朝氣蓬勃、大聲對我們說著『早安』的可愛孩子」，老師們的風評也都很好，孩子們每天都很期待上學。

這所在日本鄉下小鎮隨處都可見的閒適小學，為什麼會遭逢如此慘烈的悲劇？這是我們到大川小學進行採訪時，一開始抱持的疑問。

根據目前為止學校及教育委員會等公開的資料，大川小學的意外概要如下。

三月十一日當天留在學校的人員，包括學校在籍一百〇八名學童中的一百〇三人（兩人缺課、兩人早退、一人已放學），以及十三名教職員當中的十一人。柏葉照幸校長當天下午休假因此不在校。

地震發生時的日本時間下午兩點四十六分，所有年級都已結束課程，有的班級正在開「放學前班會」，有的孩子則準備放學，當時四年級的孩子們據說正在教室練唱。

地震發生的同時，教室內的孩子們馬上躲進桌子下，有些孩子嚇到哭，有些孩子則陷入慌亂。待地震搖晃停止後，小朋友們開始前往操場避難。

家長、監護人陸續趕往學校接小孩，並且由於學校也是海嘯來襲時的指定避難所，因此地區的民眾也開始前往避難。根據存活下來的孩子指出，當時因為餘震，有小朋友

許多孩子不幸罹難的大川小學

驚恐哭泣，也有人嘔吐，整個操場陷入混亂氣氛。

教職員在試圖讓孩子們冷靜下來的同時，也將孩子交給家長，並開始忙著處理地區民眾的需求等。雖然當時有人提出這樣待在操場會不會有危險、是不是應該逃往學校的後山，但結果，孩子們還是繼續留在操場上。

大家開始前往被稱做「三角地帶」，也就是與附近堤防相同高度的地點避難，這時大約是日本時間下午三點三十五分左右（關於這個時間點大家意見不同。詳情容後再述）。

而日本時間下午三點三十七分（校內的時鐘大多停在這個時刻），巨大海嘯襲擊大川小學一帶。除去被家長接走放學的二十七名學童之外，共有七十六名學童被海嘯吞噬。奇蹟獲救的只有一年級的一名女生、三年級的一名男生及五年級的兩名男生，總共就這四個孩子。十一名教職員中也有十人不幸罹難。

大川小學附近有五個中小學，其中也有學校校舍全毀，不過幾乎所有的學校都順利將孩子引導到安全地點避難。在學校的管理下還造成如此嚴重災難的，即使放眼所有災區，也就只有大川小學一所。

回顧大川小學的「那一天」，最大的疑問就是「為什麼來不及避難」這一點。地震發生在日本時間下午兩點四十六分，海嘯來襲則是在日本時間下午三點三十七分。即使這中間有超過五十分鐘的時間，老師們不引導孩子們避難的理由到底是什麼？

我們認為應該要從海嘯侵襲前的五十一分鐘釐清狀況，於是開始了採訪。

從地震發生到日本時間下午三點十五分為止

地震發生後，孩子們前往操場避難。大川小學平常就會以火災、地震、可疑人物為對象進行避難訓練，所以前往操場避難的速度是比較迅速的。綜合學童及家長的證詞，日本時間下午三點之前，孩子們已經在操場上排好隊了。

日本時間下午三點左右去學校接低年級兒子的母親指出，她見到老師們當時有人鼓勵陷入恐慌的孩子們「不會有事的」，有人拿著名冊核對、將孩子交給監護人。即使在慌亂中老師依然冷靜行動。

日本時間下午三點十分左右前往學校接孫子的一位女性，也說了以下這段話：

「當我抵達學校時，大約有二十輛左右的車。當時孩子們蹲在地上認真聆聽老師說的話，當中也有小朋友好像快哭出來了。老師們是真的拚命努力照顧著孩子們的。可以感覺得出老師們專心著眼於眼前的狀況，俐落地處理著。當我向老師說出孫子姓名，告訴老師『我來接孫子』後，老師核對名冊就馬上讓孫子跟我走了。當時老師有問我北上大橋的狀況。」

北上大橋是流經學校前方的北上川上的橋。雖然不明白老師為什麼要詢問橋的狀況，但這名女性回答：「橋是還好，不過紅綠燈都不亮了」之後，老師就說「北上大橋狀況也很糟糕，回去時請小心」。

不過實際上，這位女性擁有一項重要資訊，那就是她察覺到北上川出現「異常變化」，水量異常減少。這是她在去接孫子的路上從車內看到的。

「水量大概只剩平常的一半，就連河川底部都看得見，我在這邊住了很久，卻是第一次看到這種情況。當時想，啊！這是海嘯來襲的警訊……」

感受到海嘯危險的這位女性，卻沒能將這件事傳達給大川小學的老師。這是因為當時她的孫子顫抖到幾乎無法行走，必須要趕緊讓孫子上車。而且當時老師們也為了安撫孩子們等處理各種狀況忙得不可開交，所以根本不是適合好好說話的氣氛。

當時在操場上的老師們，是否無法如同這位女性察覺河川的異常變化呢？很遺憾的，答案是不，沒辦法。由於北上川河川兩岸都築起了很高的堤防，以及學校建築物呈現遮蔽狀的造型，因此從操場是完全無法看到河川狀況的。

但如果那個時候，任何一名老師能前往北上川確認水位異常減少的話，不就能早點帶著孩子們去避難了嗎？

另一方面操場上，老師與前來避難的居民之間，持續討論著關於避難場所的問題。由於學校後面有座山，也有人提出「往山上逃跑」的意見。

當時被海嘯吞噬卻奇蹟獲救的只野哲也小弟弟（小五），記得老師們與居民一直「不斷爭執」。

哲也小弟弟回憶說：「要逃往山上，不行啦有老人家在，還是去三角地帶啦。像這樣蠻嚴厲的對話。」

三角地帶，是從學校步行一兩分鐘就能到達的地點，比起學校海拔更高，但和堤防及北上大橋高度相同。

這時前來接六年級女兒的母親，從收音機中聽到「六公尺海嘯即將來襲」這項資訊。因此向女兒的導師說：「海嘯要來了，快逃到山上！」但導師只是說：「這位媽媽請冷靜下來。」

也有證詞指出高年級的男孩，邊哭邊向老師說：「逃到山上去吧！」但老師並沒有接受這樣的意見展開避難行動。

學校周邊也幾乎完全沒有「海嘯快來了」的緊張感。住在附近村落的三條正也先生，為了前往高臺避難而開車通過學校前時，他看見了校車。

「因為校車停在校門前，所以我問『司機大哥，你要去哪裡啊』，他回答『我要載孩子到長面（臨海地區）』，我聽了就說『海嘯要來了啦，要是被捲進去就糟了，請趕快去避難！』聽我這麼一說，司機大哥打開車門下車，但只說了『喔，是這樣啊』，看他的反應好像是沒當作一回事。」

不只校車司機，居民也沒有什麼危機意識。雖然大家被地震的強烈搖晃嚇到奪門而出，但對於三條先生說「去避難比較好！」這一點，卻沒有一個人跟著他走。

從日本時間下午三點十五分到三點三十五分為止

即使已經過了日本時間下午三點十五分，孩子們依然在操場上等待。有人見到原本排列著的隊伍逐漸崩散，最後圍成了一個圓。

日本時間下午三點二十分左右，一位來接孩子的母親說：「老師們為了將孩子交給家長忙得不可開交」。

正確的時間點雖不確定，但下午三點二十分左右還在學校的另一位母親說，有位老師拚命問詢問聚集在操場上的當地居民，「爬上山就不會危險了嗎？」、「年紀小的孩子們也能爬得上去嗎？」

這時，海嘯已經抵達日本東北沿海地區。日本時間下午三點十幾分左右，NHK即時連線播出海嘯越過釜石港碼頭和大卡車被沖走的影像。

曾和校車司機說話的三條先生，在那之後開車前往海邊。他說：「其實我自己也不知道為什麼會想往海邊走，或許是想要親眼看到海嘯吧……」（三條先生不斷強調，這是

「危險行為」）。

開到半路往海的方向望去，三條先生看到了不可置信的景象。他已經可以看見海浪即將越過矗立在海岸邊、由松樹組成的防風林上方。

「看到的那一剎那真的是嚇死了。我想著這下子糟了！真的完蛋了！馬上把車子迴轉往回開。」

折返途中，他看到一輛看似鄉公所吉普車的車子過來。三條先生大聲呼喊：「我們要被海嘯殺死了！快逃啊！」

他說因為如果只說要大家去避難，根本不會有人當一回事，所以使用「被殺死」這個字眼，想要告訴大家危險已經迫在眉睫。那輛吉普車也立刻迴轉，並用麥克風要求居民「請趕緊避難！」

日本時間下午三點二十五分左右，公所的車通過學校前面，警告眾人「海嘯已經越過海岸的松樹林了，請前往高臺避難」。

但在學校裡的孩子們，卻依然繼續留在操場上。

住家就在北上川旁的木村伸三先生（化名），從收音機中聽到「三公尺海嘯襲擊女川（石巻的隔壁町）」後感到不安，想要看看北上川的狀況於是爬上了堤防。這一爬才驚覺水位已經即將越過堤防了。

「大水啪啪啪啪地襲來，就要越過堤防。我一想這什麼情況?!是海嘯！於是趕緊開車逃往交流會館。」

「釜谷交流會館」是鄰近大川小學像是公民館一樣的地方，也被指定為是鎮上的避難所，是從木村先生家開車前往大約兩分鐘左右就會到的距離。木村先生急忙離開家門開車前往交流會館，他說是日本時間下午三點半左右。逃跑途中，木村先生看向大川小學操場時，都還有看到孩子們的身影。

從日本時間下午三點三十五分到海嘯來襲為止

危險步步逼近，孩子們到底到什麼時候都還留在操場上？我們綜合各方證詞，大概至少從日本時間下午三點三十五分之後，才終於開始避難。前往的不是學校的後山，而是三角地帶。

來接孫子的男性看到孩子們行動的模樣，他說感覺一點也不急，而是「像是要去遠足一樣用走的感覺」。由於孩子們的隊伍堵住道路，無法開車，只能在原地等待。

讓孩子們開始避難之際，教務主任先出校門察看外面的狀況，但才開始移動沒多久，教務主任就折返大喊：「海嘯朝這邊過來了，大家動作快！」當時人也在隊伍中的只野哲也小弟弟感覺到「這下子糟了！」他拔腿就跑。跑到隊伍最前方時，他目擊海嘯從眼前襲來。他慌張地折返想跑上山的斜坡，但卻被海嘯吞噬。哲也小弟弟奇蹟似地被浪潮打上斜坡因而獲救，但絕大部分的孩子們都被海嘯帶走，哲也小弟弟當時三年級的妹妹未捺也不幸罹難。

逃往釜谷交流會館的木村先生也拚了命爬到山上。鬧哄哄的吵雜聲中，他聽到有人喊著「救命啊！」的求救聲，至今仍縈繞耳邊。

「我聽見求救聲，是小孩的聲音？還是大人的聲音，喊著『救命啊』。但漸漸聲音就變小遠離。是被沖走了吧?!我根本無能為力……」

是什麼阻撓了避難？

越是深入採訪大川小學的悲劇，內心的疑問就越發加深，明明在海嘯抵達前有好幾個「徵兆」，但「為什麼逃不掉呢」。

日本時間下午三點左右，河川水位退至異常高度，如果當時教職員當中有任何一個人去確認河川狀況，應該就能馬上得知危險已經迫在眉睫了。此外當有家長及學童提出「逃到山上去吧」，據說老師之間也有討論。他們在後山其實有栽種香菇的課程，以孩子的腳程要爬上山絕對是可能的。

再加上收音機及防災無線電也都不斷呼籲避難的必要性，新聞也播放了石巻市的隔壁小鎮女川町被三公尺海嘯侵襲。

到底是為什麼，像這樣擁有好幾個資訊，卻沒能將之與避難行動連結起來呢？

在我們採訪的過程中，得到某份資料，那是大川小學在震災前製作的「地震（海嘯）發生時的危機管理指南」。翻閱那份指南，就看到「第一次避難」要到「操場」，此外也有「二次避難」，是指發生「火災、海嘯、土石流、山崩、瓦斯爆炸等狀況，待在操場上也很危險時」，則要前往「鄰近的空地、公園等」。但關於要逃往哪個「具體場所」，卻完全沒記載。而且就我們的採訪發現，大川小學周邊，並沒有符合適合用來作為海嘯避難的「空地、公園」等地點。

在大川小學的「地震（海嘯）發生時的危機管理指南」當中，也有「家長、監護人接走學童」的項目。但這個訓練卻一次也沒實行過，有監護人指出「並沒有什麼特別的規則用在災害發生時接走小孩上」。很多人說三月十一日「因為擔心所以趕去學校接走孩子」。

掌握住這兩點事實，我們或許可以說大川小學製作的指南，並未具體以預想海嘯受災為內容，而是流於形式化。校方在防災體制上的不完備，招致最糟糕的結果，這一點是無法否定有其可能性的。

那麼即使有「逃往山上」的選項，結果卻決定選擇前往海拔低的三角地帶避難的理由又是什麼呢？

關於採取這項行動的理由，由於許多老師罹難，再加上無法確認當時被認為是前往學校避難的地區居民當中是否有生存者，因此至今要累積客觀的事實還是有困難。

唯有一件事是明朗的，那就是對於海嘯的危機意識薄弱的人，並不只是老師們，地區居民也是如此。我們採訪了一位被海嘯吞噬卻奇蹟似撿回一命的當地六十多歲女性居民。

這位女性在學校旁經營餐飲店，跟她同住的兒子雖然多次催促她去避難，但她卻以「等一下宅配業者要來取貨」等理由搪塞而不去避難。她說兒子從收音機中聽到海嘯相關資訊，大喊「快點逃命啦！」，這位女性沒辦法只好前往釜谷交流會館。才一抵達不久，她就聽到察覺海嘯逼近的木村伸三先生大喊「上山！上山！」才慌慌張張想要爬上山，但中途就被海嘯吞噬。這位女性雖然被波浪打到山上，九死一生之際撿回性命，但她的兒子卻命喪黃泉。

大川小學所在地釜谷地區中，因為這場震災導致一百七十五名居民罹難，存活下來的僅僅三十四人。正如同協助我們採訪的三條正也先生他的證詞，即使呼籲大家快點逃跑，但幾乎所有人都說「海嘯不會來到這裡的」，沒有感受到避難的必要性。

但即便如此，也不能因此就認為「教職員感受不到避難的必要性，所以一切都是沒辦法的事」而原諒這整起事件吧。在教育第一線，沒有任何事比起孩子的性命更該優先考量。「大川小學事故查證委員會」的報告中，如下所述分析了大川小學的防災體制。

可以推論此份災害處理指南未進行具體且充分的討論，同時將之公告周知、共有這個部分也不能說是完善的狀況，就這個意義上來看，不得不說該校在防災體制的經營、管理方面並未臻充分完備。並且像這樣從平時防災體制的狀態來看，無法否定這是意外當天，成為教職員危機意識與判斷、行動其背景因素的可能性。我們認為學校負責經營、管理立場的相關人員，有必要以更強的牽引力推動該校的防災體制。

存活下來的人們內心的悲痛

對大川小學相關人員進行採訪，是我們至今的採訪經驗中最辛酸、最痛苦的一次。

我們從罹難學童家長那裡借來了一捲錄影帶，那是在震災發生前一年的五月，拍攝下大川小學舉行運動會的景象。

無論是賽跑、親子障礙物賽跑、或是啦啦隊大賽等，都能看到孩子們朝氣蓬勃的身影，而阿公、阿嬤、以及地方上的人們全都笑咪咪地守護著這群孩子，這真的是一幅幸福的景象。一想到錄影帶中拍攝下的大部分孩子，他們的性命卻在十個月後消逝了，內心真的難以承受。

罹難學童家屬當中，有人痛失得來不易的唯一孩子，也有人同時失去三個孩子。想到「老師們也是拼死保護孩子了」，但另一方面卻也不斷自責，「不該教孩子乖乖聽從老師的話」。也有不少人說「我只期待跟死去的孩子們相會」。痛失孩子的悲痛，無論過多久也絕對不會痊癒。

一次痛失許多孩子性命的痛楚，也為地區籠罩上很深的陰影。震災之後首次迎接中元節的那年夏天，我們聽說大川小學校區所在的地區，恢復舉行兒童團體的資源回收活動，但在採訪時卻受到阻礙了。

這個地區震災前有八名小學生，但海嘯中有六人罹難。原本兒童團體的活動是以小學生為主，但由於小孩子去世了，於是也讓中學生參加。

資源回收之後輪到「BBQ大會」登場。雖然有出現「都這種時候了，還舉行什麼BBQ大會……」這種聲音，但因為去世的孩子們非常期待這個活動，所以還是按照預定舉行。也有擔任志工的一群年輕大學生們進入地區參加，是非常盛大的活動。大家在這一天，都拚了命展現笑容。

但也許是幾杯黃湯下肚吧，入夜後地方的人們開始說起辛酸的回憶。一位男性義消說：「震災之後我還以為大川小學的孩子們大家都平安無事。」隔天他要前往現場救援時，想說孩子們一定餓壞了，於是在背包內塞滿了大量的飲用水和食物出門，但映入眼簾的景象，卻是面目全非的學校。他作夢都想不到，自己的任務竟然會變成搜尋孩子們的遺體。

在這個地區，以前有非常多的孩子在此生活。但由於人口密度過於稀少，人口減少下，學校也被合併，孩子們簡直成了「地區之寶」。

「地區的孩子們一下子少了六個人，這種悲痛你們懂嗎？」男性義消聲淚俱下地說著，「一說到大川小學，你們媒體就像蒼蠅一樣黏過來，無論什麼都拿來做新聞，你們這種態度真的讓我很不爽。你們也稍微瞭解一下我們到底是懷著什麼樣的心情活下去的好不好？」被這樣嚴正警告，我們難以忘懷。

獲救孩子的父母，也同樣懷抱著「只有我們家的孩子獲救真的很抱歉」，這樣深刻的痛苦。有人甚至去超市購物時見到其他罹難孩子的家屬，會刻意把臉面向商品架避免眼神接觸。也有人一直戴著口罩，說「不想被別人認為我在笑」。

避難所內辛酸的心情也持續著。

「活下來的就只有我家的孩子。我們覺得應該要保持沈默，什麼都不能說。我們不太能主動發言。」一位母親這樣告訴我們。

痛失孩子的父母，與倖存孩子的父母。也有人強烈認為隨著所處的立場不同，也絕對不能心生芥蒂。前面提到的只野哲也小朋友的父親、只野英昭先生就是其中一人。英昭先生痛失了女兒未捺小妹妹、妻子、與父親三人。

「現在的狀況就是築起了高牆。因為痛失孩子的人『很可憐』，就覺得有個部分難以面對。但我覺得去世的孩子們，一定不希望見到這種狀況。絕對是這樣。」

遲來的查證

不只是災難現場，只要在案件或意外現場採訪，幾乎都會聽到「為什麼會發生這種事情？我們想要知道真相」，來自罹難者家屬要求查證的心聲。如果不瞭解摯愛的家人被奪走生命的理由和背景，就會永遠無法接受「死」的這個事實。

大川小學也是如此，震災之後就出現這樣的聲浪。

二〇一一年四月九日，石卷市教育委員會首次舉行監護人說明會。柏葉照幸校長（時任）以及教職員中唯一獲救的A教師一同出席，「由於樹木倒了，我們無法爬上山。」A教師這樣說明了當時狀況。

但A教師所說的內容中，有部分與家屬得到的資訊不同，這樣的說明無法獲得接受。家屬說「想要得知真正的情況」，於是要求更進一步的說明。

第二次說明會在六月四日舉行，石卷市市長龜山紘也一同出席。由於其中一名家屬拍攝下說明會當時的影片，我們才得以觀看。

一開場司儀就宣布，「說明會八點結束」，也就是說，說明會只進行一個小時就截止。儘管有七十四名孩子死亡、失蹤，但說明會僅僅一個小時就要完結，對於教育委員會這樣的態度，激化了罹難者家屬的憤怒和不信任感。

說明會以回答罹難者家屬「五個要求」的形式進行。

◎從地震發生到海嘯抵達為止，為什麼持續留在操場上？

◎第一次說明會中有提到由於學校後山樹木倒了無法上山，但真的有上山去確認嗎？

◎完全沒有得到大海嘯要來襲的資訊嗎？

◎難道沒有人提出無論如何儘早前往高處的意見嗎？

◎是在什麼樣的時間點前往三角地帶？經由什麼樣的路徑前往呢？

針對這五大要求，教育委員會的回答連十分鐘都不到就結束。此外家屬才提出疑問到一半，就以「時間到了」為由終結說明會。

從那時開始，罹難學童家屬當中的有志者集合起來，定期舉行聚會。在彼此傾吐痛失孩子的悲傷情緒的同時，也強烈感受到如果不去查證「那時發生了什麼事？」就會再次發生第二個、第三個「大川悲劇」。

「我不希望這孩子死得毫無價值。如果不去確實查證事實，運用在全國的學校防災上，孩子們會無法超生的。」

「瞭解事實是件可怕的事，也許也會有不想聽到的事情出現，但瞭解這些是父母的義務。要是逃避了這些，會沒臉去見孩子們，告訴他們爸爸媽媽盡力了。」

也有罹難學童家屬認為，藉由究明真相，不讓悲劇再次發生，能讓他們找到活下來的意義。另一方面家屬當中也有不少人認為，「就算去查證，死去的孩子也回不來了」。

儘管不同的想法交錯，但要求查證的聲浪卻未平息。

二〇一二年八月，罹難學童家屬當中的有志者成立了獨立的查證小組。接著在九月十一日拜訪日本文部科學省，在訴諸查證有其必要性的同時，也將請求國家參與查證作業的申請書遞交給文部科學大臣平野博文（時任）。

隔年二〇一三年二月，終於成立由十名外部專家擔任委員的「大川小學事故查證委員會」。

為了進行查證而召集的第三人委員會人選由政府挑選。委員長為「兵庫震災紀念21世紀研究機構」副理事長兼神戶大學名譽教授室崎益輝先生。記者會中他提到：「我們將不會排除任何可能性，針對為什麼沒能逃跑進行議論，並希望能藉此防止類似狀況再次發生。」

委員當中也必須有以被害者家屬觀點參與的人，因此選任在一九八五年發生的日航123號班機空難事件中擔任遺族會事務局長的美谷島邦子女士。

大川小學罹難學童家屬期待能呈現較目前為止更深入的調查。

「悲劇」的教訓

「大川小學事故查證委員會」的查證會議，從二〇一三年二月七日展開，一直到二〇一四年一月十九日為止一共舉行了九次。除了會議本身，另外也針對罹難者家屬和相關人員等進行約談調查和資料收集。為了進行查證而蒐集參考的資料當中，也採用了我們所製播的「close-up現代」，還有仙台放送局製播的NHK Special「致我的孩子～大川小學罹難學童家屬的這兩年～」兩個節目。

二〇一四年二月，由委員會提出「大川小學事故查證報告書」，並提出避免悲劇再度發生的建言。

委員會針對造成意外的背景是怎樣分析的呢？為避免再次發生相同悲劇該要做些什麼，又提出了怎樣的建言呢？

我們閱讀了超過兩百頁的報告書，但卻感覺這和我們在震災半年後採訪的內容沒有太大差異，幾乎感覺不到有所謂的「新事證」。罹難學童家屬原本期待能夠就「為什麼孩子一直留在操場上？為什麼會喪命？希望委員會能針對核心問題討論」，但看到報告書後也不禁怒吼「這種查證真是夠了」。

室崎委員長在第一次的集會中曾說過，「我們會處理所有疑問」、「我們不會說因為沒有證據所以這個沒辦法了」，但畢竟清楚當時情況的生存者有限，震災發生後將近三年，要確認事實情況極其困難，報告書中無法採納的部分或許非常多吧。即便像是我們在震災發生半年後收集證詞時，由於對於時間和行動的記憶變得薄弱，必然有未盡事實之處。要是能更早一點設置查證單位，或許才有可能貼近深層事實吧。

另一方面，我們也從報告書中感受到委員會傳達出「希望大川小學的事故能作為未來學校防災的教訓」這樣的訊息。關於造成眾多學童罹難的背景，增加了分析如下。

> 委員會推斷該校（大川小學）在教育計畫中制訂的災害處理指南，並未具體設想海嘯災害，也未充分討論災害時的應變處理。
>
> 從該份指南籌畫訂定之前一直到事故發生之間，（中間省略）至少有三次機會，讓包括校長、副校長、教務主任等教職員間討論海嘯對策話題。但當時，雖列舉出學校的二樓或學校後山等作為（繼第一次避難處——操場，及鄰近公園和空地等二次避難處之後的）第三次避難處，卻未具體進行研擬，委員會推斷校方並未對海嘯災害預想的三次避難處做出決定。（中間省略）從上述事證中，委員會推斷校方對於大川小學的災害處理指南，雖認為有必要進行更具體的研究討論，但即使有這樣的認

知，卻也在未進行必要討論的情況下，呈現出這份欠缺具體性、現實性的計畫。（中間省略）未來，學校第一線在經營防災體制、充實強化管理上，其經營、管理負責人必須學會能將之強力推動的領導能力，（中間省略）這一點至關重要。

石卷市教育委員會方面，（中間省略）我們推斷該委員會並未確認大川小學提出的災害應變指南內容，也未掌握具體的對策狀況建立進行必要的指導、建議等體制。

報告書中頻繁出現「委員會推斷」等的字眼，在表現上雖然委婉，但字裡行間還是能讀到委員會下了嚴厲的評斷，像是在原本應該守護孩子性命的學校，校長欠缺領導能力，以及教育委員會也未善盡責任等。

採訪釜石小學和大川小學後，感受到最強烈的不同之處無疑是這一點！難以見到成效的防災教育，與國語、算數等學科學習相比，很容易流於虛應故事。即便如此釜石市卻為了「守護孩子性命」由教育長及校長主導推動防災教育。

事故查證委員會雖無意「追究誰的責任」，但在分析造成事故的背景中，我們感覺到的是，若是校長、教育委員會能確實扮演好自己的角色，或許就不會造成那麼多的生命殞落。未來為避免再次發生同樣的悲劇，或許應該能成為對站在教育第一線的領導者的「警告」。

我們雖然瞭解有「這種程度的言論不過是一般討論」的意見，但作為不以追究責任為目的的第三人委員會的立場而言，這已經是最大限度可能的表現。但願在全國的教育第一線人員，能確實理解接受這樣的訊息。

被追究的「意外後的責任」

由事故查證委員會統整的報告書中，也有一個叫做「意外後對應相關分析與評價」的項目。雖然有人認為，即使去調查、查證意外後的處理狀況，也不意味著未來能夠減少意外發生，但由於對於搜尋遺體及事故相關調查、說明等的處理不恰當，造成許多人受傷，這不也算是某種「意外受害」，因此就針對這一點進行調查、查證。

其中事故查證委員會指出柏葉校長直到震災發生六天後的三月十七日，才首次進入大川小學現場這個事實，有著以下指摘：

身為學校最高負責人的校長（中間省略），儘早親眼確認大川小學的受災狀況是非常重要的。

同時對於石卷市教育委員會針對學童監護人的說明會舉行方式，也做出下述評論：

在第二次監護人說明會中，一開場教育委員會就表示「說明會八點結束」，這也就是指說明會一小時後就要截止的意思。就算有再充分的理由，說明會一開場就宣布一小時後就要結束的態度，對於盡可能希望知道自己的寶貝孩子在最後一刻經歷了什麼的罹難學童家屬，以及無論如何、就算只有一點點也好，希望能得到對搜尋失蹤學童有用資訊的監護人心情，確實造成了極大的傷害。

其次針對大川小學問題包含龜山市長在內行政體系的態度，也做了以下說明：

我們推斷石卷市政府將管轄大川小學的問題委任給教育委員會，而不是將這件事當作包含市長在內、視作是市政府整體的問題來處理。這樣的態度對於監護人說明會的舉行上，以及其舉行方式都會產生影響，很有可能造成石卷市更加背離罹難學童家屬、監護人。由此可以推斷，之後即使不斷協商溝通，罹難學童家屬和石卷市以及該市教育委員會之間的距離也難以縮小。

在大川小學進行採訪期間，我們記得曾發生多次校長或教育委員會、市長等，因為再三做出太過輕忽罹難學童家屬情感的發言或態度，導致徹底激怒家屬的狀況。不只解釋說明不充分，內容也反反覆覆，完全看不到相關人員對於奪去眾多孩子性命的這個事實，深刻接受反省的模樣。這件事絕對會加深罹難學童家屬與地區人們的悲痛。

雖然查證委員會的報告書中含有曖昧的表達方式，但他們採取公正中立立場，在最終報告書中追究校長及市長等人的態度問題，我們認為這一點是值得肯定的。

尋求A教師證詞的罹難者家屬

然而，罹難學童家屬中還是出現「無法接受報告書內容」的聲音。在報告書提出九天後的三月十日，二十三名罹難學童的家屬前往仙台地方法院，以「查證不充分。希望透過審判釐清真相」為由，對石卷市及宮城縣提出一人相當一億日圓（約折合台幣兩千七百萬），總計二十三億日圓（約折合台幣六億一千五百萬）的損害賠償訴訟。

其中一位罹難學童家屬說明興訟的理由：「為了弄清楚在學校管理下的孩子們，該由誰、又要以什麼方式保護。希望能釐清真相和責任之所在。」

提出訴訟這件事，是在震災發生之後不久。然而罹難學童家屬著眼的是，雖然與學校及教育委員會對立也換不回孩子的性命，但與此相較更重要的是透過溝通對談，應該要把這次事件轉換為未來的教訓好好運用。話雖如此，造成至今鴻溝的，不正是學校和教育委員會的處理有問題所致嗎?!

無論是石卷市或宮城縣，都主張「這是場連專家也無法預測、前所未有的大海嘯，朝學校襲來這一點是教職員不可能可以預測到的」等，希望家屬撤銷告訴。

而罹難學童家屬則要求震災當天在校的十一名教師中，唯一存活下來的教務主任A老師，以證人身份傳喚到法庭上。

事實上對於這位A老師，我們有著複雜的情緒。雖說這已經是將近二十年前的事了，但採訪小組的一位製作人曾採訪過A老師，並播放關於他的節目。

當時A老師在石卷市內的另一個小學執教鞭，由於他在大學時期研究日本猴的相關生態，在他成為老師之後也不忘初衷，假日也和孩子們一起到附近的山上，舉行動物及植物的觀察會。時而遇上被野生猴子追著跑，時而驚訝於得知有毒植物生長等，對於充滿好奇心的孩子們來說，身邊的大自然是絕佳的學習處。A老師說：「想要孩子把從大自然得到的驚奇與感動保留在心中，等到長大成人時希望能在他們內心開花結果。」孩子們也對A老師非常仰慕，說他是位「無論什麼事都陪著我們一起思考的老師」、「是位很認真、溫柔又很有趣的老師」。

A老師也教導孩子們「自然界殘酷的生存法則」。入山找到鹿的骨骸時，他會和孩子們一起將骨骸集中，回到教室進行詳細調查。第一次見到動物的骨骸，雖然有孩子會感到困惑，但A老師溫柔地告訴大家，「凡是生命，有生就有死」。孩子們和A老師之間的互動，被統整在十五分鐘的紀錄片節目中播放。

然而震災後，這位A老師的言論，卻成為監護人對學校不信任感高漲的原因。四月九日舉行的第一次說明會中，A老師說：「我自己也被海浪吞噬，覺得一定完蛋了。」但震災當天的傍晚，A老師和其中一名存活下來的學童一起進入一戶民宅求救，民宅中的女性提到「老師穿的西裝並未濕透」。此外A老師說：「我的鞋子也被沖掉了。」但那位女性卻說「老師有穿鞋子」，這句證詞也有所不同。

我們所認識的A老師，並非是會為了自身利益說謊的人，而是位與孩子直接面對面的教育者。我們寧願相信，A老師的證詞之所以出現矛盾，是因為震災的衝擊導致記憶模糊所致。

在製作「close-up現代」時，我們寫了無數封信給A老師及其相關人士，傳達希望他說出真相的想法，但基於A老師精神狀態不穩定等理由，我們始終沒能得到採訪的應允。對於思考「想要知道那天到底發生了什麼事」的罹難學童家屬來說，A老師的證詞才是知道真相的最後線索。面對如此殷切的期盼，A老師又會怎麼回應呢？

誠心期盼罹難學童家屬的悲痛，還有A老師內心的苦楚，能稍微被治癒的那天可以到來。

第六章 擴散到全國教育現場的釜石智慧

二〇一四年二月，群馬大學片田敏孝教授的研究室為瞭解中小學防災教育的實施狀況，於是進行了問卷調查。針對包括日本全國道府縣廳所在地，與東京二十三區，以及被預測將因為南海海槽發生巨大地震海嘯而受災的六個縣（靜岡縣、愛知縣、三重縣、和歌山縣、德島縣、高知縣），位於太平洋沿岸市町村的中小學等，共計以八千個學校為對象進行調查（回收率百分之二十四點六，一千九百六十八校）。

一看到問卷結果，很遺憾的，似乎有不少學校的防災對策還停留在依賴指南上。以避難訓練為例，有許多學校以舊有形式進行「預想學生滯留在學校中，確認學校校地內的避難場所」這種訓練。有進行「預想上下學途中或人在校外時確認避難場所」訓練的，即使是位於海嘯受災高度風險的六個縣沿海學校，也僅僅只有一到三成比例。

此外，儘管有負責決定避難訓練方式或思考防災相關作法的教職員，但有設置校內教職員之間資訊共享機會的學校卻很少。

至於預想海嘯以外，例如風災水患等避難訓練方面，結果顯示實施率依然不高。

另一方面問卷內容也顯示，感受到防災教育有其必要性的學校正逐年增加。以所有學年學生為對象教導防災課程的學校，從震災發生前的二〇一〇年度約為百分之十到三十，但二〇一三年度則增加到百分之二十到五十。

而從問卷中也看到有許多學校採用日本三一一強震的教訓——「釜石奇蹟」經驗作為授課內容。全國達四成的學校，回答有教導孩子「釜石奇蹟」相關內容；回答教導「海嘯來時各自奔」相關內容的約占三成；教授「避難三原則」相關內容的學校則有近半數。釜石奇蹟在日本全國各地的教育現場，正默默地擴散開來。

這一章中，我們將介紹受到「釜石奇蹟」觸發，發展出獨特的防災教育，呈現驚人成效的學校。無論是哪所學校，都是將附近居民納入考量制訂對策，因此在此期盼以學校為中心的地區防災思考點，也能提供所有讀者當作參考。

小木中學的作法

有所中學目標透過防災教育確立培育學生心靈以及學習態度，那是位於石川縣的能登町立小木中學。這是所學生與教職員合計只有七十人左右的小型中學。教職員當中沒有任何人具備防災教育相關專業知識，但卻以「從會的事先開始」為宗旨不斷努力。

小木中學就位在能登半島前端，面向富山灣之處。小木地區的烏賊捕獲量傲視日本國內，是屈指可數的產地，居民過著深受大海恩賜的生活。人口約兩千五百人，其中有百分之三十八是六十五歲以上的長者，是即將邁入人口密度過於稀少的地區。

小木中學是當地唯一的中學，位在海拔四十公尺左右的高臺，但學區內大部分都集中在海拔十公尺以下。有專家預測如果能登半島東方海域發生芮氏規模七點五八的地震，九分鐘後最大會有十二點二公尺的海嘯席捲而來。但小木中學，至今卻一次也沒有進行過預想發生海嘯的訓練。當地居民也說「海嘯不會到這裡來啦」，危機意識十分薄弱。

二〇一一年四月，一位新校長前往這樣的小木中學就任，他是小川正先生（五十六歲）。第一次來到小木中學時，小川校長有這樣的感覺：

「小木是個面海的美麗城鎮，但附近有沉降海岸，這和遭受海嘯巨大災害的三陸沿岸地區是極其相似的地形。在這種狀況下無法規避防災課題，必須馬上開始著手進行。」

然而學校裡沒有任何一個教職員熟悉防災教育，當猶豫著要從哪裡著手才好的時刻，成為小川校長參考的，是電視或報紙所報導出的釜石防災教育。小川校長說，當他去聽片田教授演講時，對於片田教授所說，「我們所要教育出的是，當發生緊急危難時不是去依賴指南，而是自主判斷並展開行動的孩子」，小川校長被這樣的想法深深感動。

小川校長說，「我瞭解到釜石並不是特別去做了什麼，而是一個環節、一個環節細細累積，導向一個必然性的結果。在釜石所推廣的事情中，就算只有一點點也好，是不是有適用於我們學校的？無論如何我決定就從能做的事開始。」

從「知道」開始

小木中學的防災教育是以「從能做的事開

小木中學的小川正校長（時任）

始」為起點。接受小川校長方針，負責防災相關事項的廣澤孝俊老師及國三學生就站在第一線。若是對於海嘯災害知識一無所知，就無法瞭解應該要先採取什麼樣的行動，因此決定首先就從「知道」海嘯災害這件事開始努力。於是他們邀請在日本三一一強震之後，即刻前往災區救援的能登消防署的消防員，藉以學習海嘯威脅有多麼可怕。

其次，決定由學生們製作小鎮的安全地圖。將住宅地圖貼在一起，以不同顏色分別標示出十公尺、二十公尺、三十公尺的等高線。這份地圖的重點，並非標示出「海嘯可能會來到這裡」這樣危險性的「危害度預測地圖」，而是以「逃到哪邊可以獲救」這樣的避難標準為目的而製作。

學生們所製作的安全地圖，除了張貼在小木地區當地超過三十家商店內，同時也發配給所有家庭。

這樣的活動持續下去，學生們開始產生了一個疑問，那就是「小鎮中的人們到底是怎麼看待海嘯的呢？」他們感受到即使就生活在大海旁，但人們對於海嘯的危機意識卻很薄弱。

因此以當地居民為對象，學生們進行了「對於海嘯的認知調查」。以國三生為主，來回詢問一百五十個左右的家庭，「當海嘯警報發布時，有沒有覺得困擾或擔心的事情呢？」在高齡人口眾多的小木地區，雖然有很多人回答「會擔心是否能夠確實避難」，但回答「順其自然」、「現在不擔心」的人還是占了絕大多數。

統計調查結果，學生們更加強烈懷疑「這種心態真的不要緊嗎」。學生們從一開始覺得「防災這種事根本事不關己」，到後來逐漸變成「我們現在這樣真的不行」的想法開始萌芽。

學生動起來的話地區也會動起來

小木中學的作法，從一開始的「知道」，轉變為下一階段的「展開行動」。那就是開始進行避難訓練。

由於學校位處高臺，就算海嘯席捲而來只要待在學校也是安全的，可能受災的時段會是在家裡的時間。

因此就以預想上學前發生地震，之後發布海嘯警報這樣的狀況，進行從家裡到學校的避難訓練。他們決定計算從每個人的家到學校到底要花多少時間。

小木地區有許多狹窄而陡峭的坡道。災難發生時不只中學生，還有幼小的孩子以及腳程很弱的年長者及身障者也要避難，要是有很多人塞在道路上就無法逃跑。因此他們決定要調查以平常的步調走，到底要花多少時間。

我們採訪了在二〇一二年七月二十日舉行的避難訓練狀況。訓練是以預想「能登半島東方海域發生地震，日本時間七點五十八分發布海嘯警報，上午八點整開始避難」來進行。由於小木中學的號召，托兒所、小學、高中、家長、以及當地居民也都一起參加。這是場總人數達兩百人的訓練。

我們前往其中一名學生的家拍攝。日本時間上午八點，以媽媽的「海嘯警報發布了。避難開始！」為信號，就讀中學的長男，就讀小學的長女，以及母親三人開始前往小木中學。

這戶人家從家門前到學校，一直是連綿不絕的陡坡。由於平常多以車子代步，因此才開始步行不久後，媽媽就氣喘如牛地說：「真沒想到會這麼辛苦。」這是不實際走一遭就不會知道的發現。

這一天同時也進行了使用輪椅的「爬坡實驗」。由於小木地區中有許多大人是不在當地工作的，因此白天留在小鎮上的就只有小朋友和老人家，中學生則被期待為是能幫助避難的重要「戰力」。因此三年級學生每四到五人分成一組，展開推輪椅前往學校的模擬訓練。

學生們原本覺得「推推輪椅而已，穩贏的！」。但一旦開始推了，卻是連續不斷的艱苦奮鬥，上坡比想像中更吃力，不太能夠提高速度。

學校校門前，有手持碼錶的老師，唸出「八點十分、十一分、十二分！」的時間。輪椅組抵達是八點十九分，比起目標八點零九分嚴

小木中學避難訓練時的狀況

重延遲了。

「坡道也太吃力了！」

「要是海嘯真的來了穩死的啊……」

「坐在輪椅上加速時感覺好恐怖。凹凸不平的路段希望能走慢一點，也希望推輪椅的人能提醒一下」等，學生們互相討論起感想。

訓練後在班上進行檢討會。小鎮中有高低落差的地方遠比想像中多，以及由於有階梯必須要繞遠路等，學生們將大家注意到的點寫下來，貼在「安全地圖」上。確認能在下一回避難訓練時，運用這次瞭解的狀況，達到更迅速安全的行動。

小木中學的避難訓練每年都會舉行好幾次，呼籲地方民眾一起參加的秋季訓練，則是隨著次數增加規模也越來越大。二〇一二年秋季之後，除了地區的商店聯盟，包括護理師志工團體、日本海上保安廳、自衛隊等單位也一同協助。由小木中學和小木地區自主防災組織共同舉辦，學校與地方同心協力的「小木地區避難訓練」盛大舉行。參加者目前已達八百人。

「逃跑時無論是學生或地方民眾都要一起。學校與地方無法同心協力的防災是沒有意義的。學生動起來地方也會動起來，這件事已經被我們證明了。」小川校長如是說。

開始轉變的孩子們

小木中學的防災教育在進行了「知道」和「行動」兩大步驟之後，學生們決定將在這樣的活動中學到的事「發送出去」。

透過避難訓練，學生們深切感覺到小鎮在意想不到之處潛藏危險，像是腳程不好的人或輪椅無法攀登的道路等。為了要讓大家瞭解這件事，他們將避難路徑上的狀況和危險地點，以相片和註解製作成「避難路徑引導圖」，分發給地方上的民眾。

而為了向老人家和年幼的孩子們傳達這些內容，他們更進一步決定製作避難路徑的DVD。關於必須注意的地點和危險場所等要怎麼說明，學生們自己思考寫出腳本，攝影、口白也是自己負責。由於剪接比較費時，這個部分就仰賴家長的協助。

學生們也前往小學，向幼小的孩子們解說海嘯是什麼。此外在二〇一三年的文化祭[1]上，學生們大方在地方民眾面前演出音樂劇風格的「防災劇」，宣傳對海嘯的心得。

這是以從「能做的事開始」為起點的小木中學防災教育。某一天，三年級的一名學生對廣澤老師說了這樣的話：

「老師，我們因為真的很喜歡小木，所以希望這個小鎮沒有一個人會因為海嘯喪命。」

廣澤老師聽到學生這麼說時，他確信了一件事，那就是小川校長所期待的、從心中培育的防災教育目標已經達成。

「我們都不知道嚴重的天災什麼時候會發生。面對災害，我們希望能保全自己以及地方人們的性命。因此我們能做的，就是從自己做得到的事情開始。我認為這就是教育。」

而透過防災教育，老師也察覺學生們的認知開始有了變化。

「小木地區的孩子們通常都是從托兒所、小學、一直到中學，都是同一批朋友一起長大。所以非要說的話，其實在家一條龍，在外一條蟲，態度畏畏縮縮的孩子還蠻多的。

1　文化祭：日本學校的一種特殊活動，目的是展現學生的文化藝術成就及學校的日常生活。

但因為在防災這件事上努力下工夫，受到地方民眾的好評，或是吸引媒體來採訪，這些肯定一點一滴建立了孩子的自信。

「三年級的二十六名學生，在縣內的某個發表會中得到機會，站在舞臺上面對五百名以上的老師們，向他們闡述自己在防災上的相關作法。要是在以前，他們是絕對無法想像能站在那麼大的舞臺上的。而現在能夠站上舞臺落落大方發表，無論是對本人、或對學弟妹來說，甚至是在這所小木中學長長的歷史中，都是非常衝擊的。

「現在已經變成由學生自己不斷提出新點子，主動說『老師，我覺得接下來可以這樣做，老師覺得呢？』」

採訪小木中學時，一名一年級的男學生在攝影機前對我們說了這番話：

「我以前很害怕站在人們面前。但在白天，小木這個地方沒什麼人，真要去算的話都是老人家，最靠得住（統率人們的意思）的大概就是中學生了。我覺得該站出來的時候沒站出來，會讓原本能夠獲救的性命無法獲救。當我實際從事防災教育之後就這麼想了。」

對於進行防災教育，一開始老師們之間也曾疑惑：「這難道不會疏於課業，妨礙提高學力嗎？」因此防災教育主要是利用綜合學習時間及道德課程時間進行，同時，也研究在學科的學習中是否有能夠運用的方法。

負責工藝家政課和音樂課的三盃邦子老師，在工藝家政課的時間讓學生製作海嘯的標示板，或在音樂課中以「從海嘯中逃跑」為題，與學生們一起作詞、作曲等譜寫出配合動作的歌曲，費盡心力推動。

小川校長說了以下這段話：

「因為我們是學校，不可能去說學力無關緊要這種話，本校也必須為了學生們的未來全力以赴提升學力，但這要活著才有用，要是沒命了學力也就什麼都不是了。所以最重要的，就是珍惜現在好好活著。在這樣的前提下，如果學生們能意識到對於自己來說，所謂珍惜現在好好活著，就等於是認真學習，就能夠自動自發專注在課業上。我們並不是僅僅教導學生防災的技巧，而是希望藉由讓學生們學習未來在『生存下去能力』的基礎上，與老師們一同向前邁進。」

從震災之後立刻展開防災教育的小木中學，在第二年結束時，開始展現了令人驚訝的成果。

事實上小木中學一直到五、六年以前，都還被視為是一個擁有漁鄉特有的粗野特質，因而「問題行為不斷的學校」。品行或上課態度有問題的學生，據說每年都會出現。但當防災教育開始之後，學生們逐漸變得對課業認真了起來。暑假開始的補習課程也變得默默努力，據說沒有一個學生會在課堂上聊天。

而且由日本政府實行的學力調查結果也顯示出小木中學是向上提升的。小川校長說：「目前即使在縣內，成績的提升率也被認為已經達到最高等級。」

防災教育的結果造成「孩子們有了轉變」這樣的實例，並不只有出現在小木中學，在這一章的開始所提到片田教授的研究室進行的問卷調查中，有個問題是針對「防災教育的實施成效」進行調查。

關於「學童們對於災害能有自主思考能力」這個問題，約有七成的學校回答「非常符合」、「符合」、「大致符合」。

回答「對生長土地的感情提升了」的學校約有三成。

回答「變得對他人體貼，或珍惜生命」約占半數。

關於「不限於防災，變得對各種事情都能主動處理」，約有二成回答符合。甚至於對於「學童學力提升」、「霸凌等班級問題解決或減輕」這類問題，回答有成效的學校也不少。

「我認為透過防災教育，讓學生們學會主動面對處理事物的態度。被周遭的人認同，產生自信，接著開始會去思考接下來可以做些什麼。自己發現課題進而解決的態度，就這樣一點一滴被培養出來了吧。我認為像這樣不斷反覆也會對學業產生良性影響。這真是群讓我引以為傲的孩子們。」小川校長對我們這麼說。

二〇一四年四月，小川校長轉調到能登半島另一所中學。這次的學校是將三個中學合併，學生人數有四百七十七人，是比起小木中學規模明顯大了許多的學校。學區範圍分布也廣，地區狀況也各不相同。這間中學與過去的小木中學一樣沒能進行防災教育，即便如此，小川校長還是儘速讓五名學生、三名教職員接受「防災士」的考試，讓他們取得證照。即使是在新的中學，小川校長也認為要盡可能一點一滴地將「守護生命的教育」

◎學童變得對他人體貼或珍惜生命

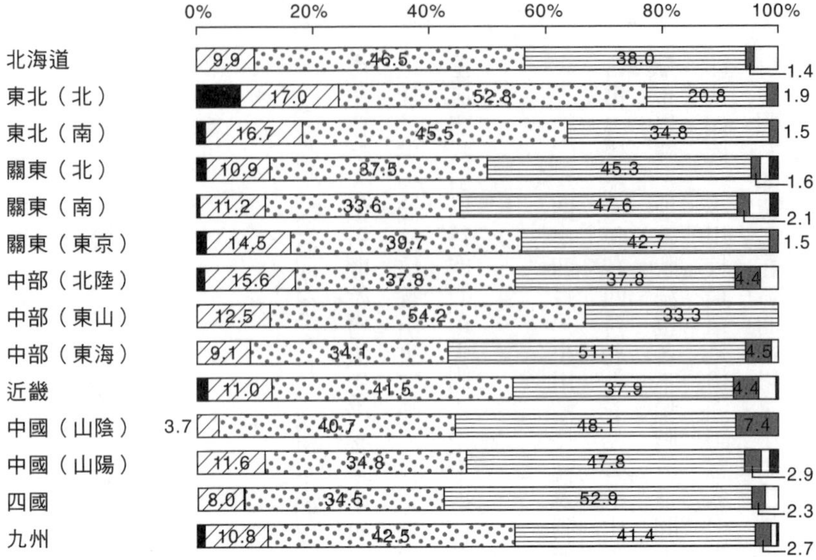

◎學童不限於防災，變得對各種事情都能主動處理

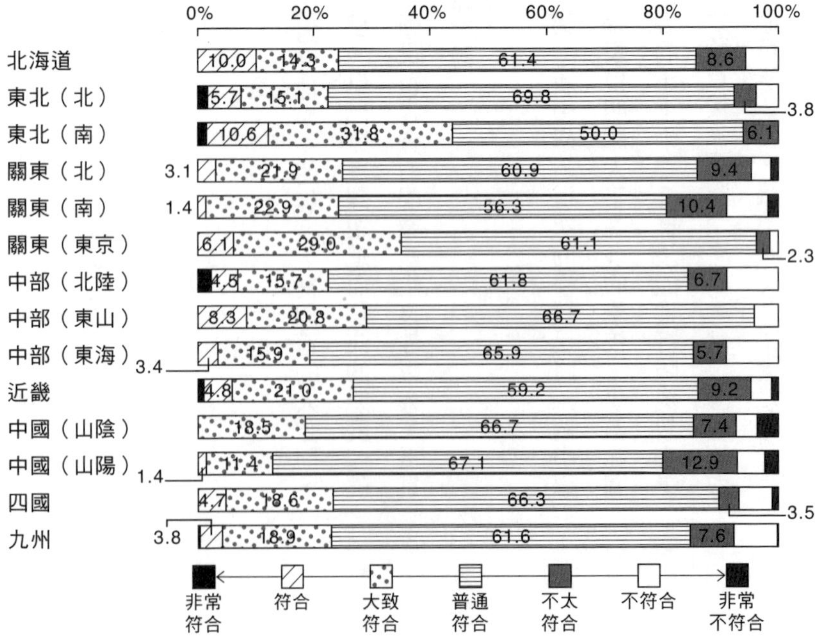

出處：群馬大學廣域首都圈防災研究中心

滲透下去。

而小木中學方面，打造以防災教育為中心思想的學校，這樣的想法至今也沒有改變，仍在不斷持續。在新上任的大句和香子校長麾下，除了負責防災的廣澤老師之外全體教職員，也與小木小學一起攜手合作持續強化防災教育。據說小木中學教職員和家長取得防災士證照的就超過十人。

學生們也致力於各種活動，將自己所學傳達給更多人。像是為了托兒所的孩子，他們製作出「防災歌牌」，歌牌上都是把在防災教育中學到的內容以歌牌的語詞寫成；此外針對老人家，則是思考製作防災相關歌曲，再配合上動作完成能夠促進健康的「防災體操」。這些活動的目標都是希望在輕鬆愉快的氣氛下將海嘯防災的重要內容銘記在心，甚至由於小木中學的影響，在二〇一三年十三個町內會（居民委員會）也主動成立自主防災組織。

這真可說是透過防災教育，讓學生們、以及人口逐漸稀少的小鎮都開始產生巨大變化的模範事例。

小學防災對策為地區帶來的影響

面對伊勢灣的三重縣明和町，人口約有兩萬三千人。這裡曾是代替天皇侍奉伊勢神宮天照大神[2]的齋王[3]居住地，除此之外町內還發現眾多遺跡和古墳，是充滿王朝傳奇的小鎮。

然而，一旦南海海槽發生強烈地震的話，理論上會有最大六點九二公尺的海嘯侵襲，而由於小鎮位在平原，因此被預測會有超過三成進入淹水潛勢，高達九百人罹難。日本三一一強震時，沿海地區也出現高達一公尺的海嘯襲來，但小鎮上的居民對於海嘯的認知很低，幾乎沒有人去避難。

明和町政府對於這種狀況感受到危機，在日本三一一強震隔年，整合了危機管理室和廣報廣聽課（公關民意課）等單位，新設立了「防災企劃課」。設置專責防災的組長等，企圖強化防災體系。

此外，為了將海嘯受災侷限在最小範圍，他們認為讓每一位町民學會防災知識及擁有心理準備是很重要的，於是在二〇一三年十月製作了自有的避難地圖。這份避難地圖是參考三重縣在二〇一一年度發表的海嘯淹水預測圖，並由町內擔任防災顧問的三重大學專家監修。將海嘯特殊化製作避難地圖，這在三重縣內是史無前例的先進作法。現在以這份避難地圖為基礎，相關單位在各個地區舉行防災懇談會，正在研究海嘯避難應有的方法。

不過，卻有人對這份避難地圖抱持疑問，他是明和町立大淀小學的兒島敏昭校長（五十六歲）。大淀小學距離海港僅僅六十公尺左右。兒島校長在聽了片田教授的演講會後，強烈感受到投入防災的必要性。他在參考明和町製作的避難地圖的同時，也打算修正學校的避難對策。

在這份避難地圖上，從海岸線起算的三公里以內被列為「緊急避難線」，以黃色的線

2　天照大神：日本神話當中統治神明居住之地「高天原」的最高神祇，另一個身分為太陽神，也被奉為天皇的始祖。

3　齋王：以巫女的身分，負責代表日本皇室在伊勢神宮或賀茂神社當中侍奉天照大神的未婚皇族女性。

條標示，發生強烈地震時，預測將會是嚴重的海嘯受災區，因此在上面寫著請民眾務必注意要儘速避難。接下來是用紫色標示「避難目標線」，為到達這個位置，地圖上用淺粉紅色的箭頭指向避難方向。一個箭頭代表直線距離四百公尺、步行約需五分鐘左右，如果有三個箭頭，也就代表有一千兩百公尺、差不多要十五分鐘。

要往哪個方向避難比較好？從這份地圖上算是一目瞭然，但箭頭卻是以「健康成人步行速度預測」，因此像是小孩、老人、或是身障者等，也就是所謂災難弱者的情況下就不適用。地圖上也寫著「由於個人體力差異等原因，步行時間僅供參考」這樣的但書。再加上由於箭頭是以直線距離計算，因此也存在著路線橫切過農地等，必須在不成道路的路上前進的情況。

就町政府的立場，也傳達出訊息，希望大家參考這份地圖親自走一遭，確認自己實際上的避難場所和路徑。

以大淀小學的情況，要抵達町政府設定的避難基準地點一共有七個箭頭，差不多距離有三公里之遠。從地震發生大約三十七分鐘之後，預計五十公分高的海嘯就會抵達沿海地區，再加上有可能因為地震引發土壤液化現象，因此兒島校長有著強烈的危機感，他懷疑孩子們根本無法逃離吧。

他說：「高年級的學生或許還勉強可以，要一年級或二年級這麼小的孩子跑三公里的距離，根本不可能。要是依循町政府的對策，我覺得會無法保護孩子的性命安全。」

兒島校長和教職員研究的結果是，決定不以町標示的避難場所為目標，而是逃往「三層樓高的校舍屋頂」。

對這個選擇提出建議的，是愛知縣立大學看護學系的清水宣明教授（五十四歲）。清水教授是位對AIDS及院內感染等感染控制學，以及地區健康危機管理學的專家。二〇一三年春天之前，他都還在群馬大學任教，也是深受「釜石奇蹟」感動的其中一人。震災後清水教授對災區狀況詳加分析，提出有必要以兒童、老人、孕婦、及障礙者等災難弱者為重點做出避難對策。透過流感防治的指導等，過去清水教授就與兒島校長有所交流，因此決定兩人同心協力制訂出地震海嘯對策。

從小學所在地的大淀地區到町政府指定的避難目標場所，清水教授將所有步行方式、地形或道路狀況等加以數據化。結果顯示，要是以幼童或老人家的腳程，最糟糕的情況下避難得要花上近兩小時，再加上學校周圍許多道路都很狹窄，住宅或外牆倒塌，瓦礫落下等都會造成道路被阻斷，阻礙避難的可能性非常高。即使乘車，也會因為嚴重塞車等等狀況，恐怕會來不及在海嘯抵達前逃跑。因此清水教授告訴兒島校長，對於孩子們來說最適合的避難場所就是有十三點五公尺高的大淀小學屋頂。海嘯過後雖有可能會成為孤島，但孤立的問題是有辦法可以應對的，因此他判斷這種避難方式能夠保住性命。

清水教授採用他製作的數據，也以大淀地區的居民為對象舉行讀書會等活動。無論哪個數據都是非常具有說服力的資料。這裡與距離海岸線一百公尺左右就有山的釜石不同，位在平原上的明和町，要想跑到海拔高的地方避難，必須逃跑相當遠的距離。清水教授向居民們呼籲：「地震後留在地面上是最不好的。釜石和明和町的避難方式絕對不同。」

「會去避難的不只是健康的成人，站在災難弱者的觀點制訂防災對策絕對有其必要。必須要以村落為單位確保兒童和老人家能夠立即逃命的地點。『先逃跑再說』這樣的避難對策，我認為是無法保護弱者的。」清水教授如此斷言。

然而清水教授的主張和大淀小學的對策，卻到處泛起波瀾。居民們出現質疑聲浪，提到「町政府所說的和清水老師所說的，到底哪個才對？」

町政府的負責人也滿腹疑問地說：「就政府的立場，是希望以這份避難地圖為基礎，研究到避難所為止的路徑，像是實際走一趟看看，或災難發生時決定要到哪個避難所會合，當作大家在判斷時的參考。當然不只是製作地圖，我們也預定透過防災懇談會，今後慢慢進行細部處理。我們並沒有捨棄弱者。再加上學校也可能因為地震或土壤液化倒塌，所以還是盡可能希望大家能研擬逃往安全地點……」

大淀小學的海嘯對策

大淀小學並非以町政府標示的避難場所為目標，而是採取「逃往學校屋頂」自有的海嘯避難方針。至今學校仍然與行政單位之間持續討論，但這件事以結果來說卻使得居民的防災意識提高。

受到清水教授的建議，兒島校長和大淀小學的教職員開始致力於把學校當作是「臨時避難場所」的避難對策。他們檢查孩子們的上學通路，針對因為房屋倒塌等狀況而無法到達學校的情況，要能逃進堅固且比較高的建築物，而去尋求地方上的協助。他們造訪二樓以上有天臺的建築物，得到包括農協、漁協等十個以上的設施、家庭同意成為避難處。

二〇一四年開始，小學將三樓的空教室當作儲備倉庫使用，考量到要是海嘯之後學校成為孤島會需要物資，於是儲備學童、教職員合計一百八十人份的飲用水各四公升，以及防災食品、能夠抵擋風雨的塑膠墊、保暖毯、懷爐、衛生紙、以及扇子等用品，同時也準備了附近「成平托兒所」幼兒約九十人份的食物及內衣褲，除此之外，就連小鎮居民的防災食品、飲用水、以及町內會的防災用品也都儲備等等，大淀小學決定將教室開放給地方民眾。

此外，以大淀小學與成平托兒所的家長會幹部為中心，創立「守護大淀遠離海嘯．路標」團體，並舉行以居民為主體，思考保護性命方法的讀書會。另外在行政方面，為了讓孩子們夠安心避難因此增設了扶手、以及為了讓孩子可以從緊急逃生梯逃往建築物的二、三樓避難，要求改良緊急逃生梯。

兒島校長認為「大淀地區最大的強項是人與人之間的連結。我希望能活用這份連結提升防災力。」

對於孩子們的防災教育方式也重新修正了。參考片田教授的演講和著作，將之前每年舉行兩到三次的避難訓練增加為每月一次。內容也嘗試設定將走廊放置障礙物，測試當發生「預想外」的緊急狀況時孩子是否能不慌不忙地避難，以及設定校長、副校長因為受傷或不在時僅憑教職員該如何處理應對等等，每次都改變設定狀況，有計畫地進行訓練。

有一次，大淀小學未經預告就在休息時間舉行訓練，教職員觀察孩子們的動向，發現比起上課時會花費更多時間集合。此外，雖然有教導孩子們在避難時要帶著安全帽或救生衣出來，但卻發現孩子們並未能認知到這一點。訓練後，教職員會針對這次釐清的成果和課題去尋求對策，同時也會把當時孩子的現狀通知家長及地方人士。

除此之外，最引人注目的特殊對策，就是天臺上的「安全繩」。南海海槽發生地震時，預測明和町會出現最大高達六點九二公尺的海嘯。大淀小學的天臺海拔約十三點五公尺，為了提防要是萬一大水湧上天臺，須避免孩子們被沖走，在欄杆的三十個地方設置了能綁住身體的繩索。這是因為兒島校長聽說在日本三一一強震時，有人因為綁住身體從海嘯中逃過一劫的情節而想到的。安全繩也可以運用在避難後餘震發生時讓人能夠抓住，帶來安全感。

「學校才正開始尋找方法，也還不清楚孩子們能夠學習到什麼程度，但我們希望培育出能夠自己思考出為了從災難中獲救會需要什麼、並採取行動的孩子。地區的人們也正在一點一滴提高防災意識。希望我們能夠摸索出提高自助力、互助力，最適合這個地區的對策。」兒島校長說道。

第七章 在企業的危機管理上活用釜石經驗

日本三一一強震發生後過了一年三個月的二〇一二年六月下旬，上午八點，東京都內辦公大樓林立的街道上，一棟大樓的一個房間裡，約有二十名全都身穿西裝的男性聚集。他們全都是為了來聽群馬大學片田敏孝教授的演講。

演講的題目是「突破預想外生存下來的力量——從大海嘯中生存下來的釜石孩子們學習他們的防災教育」。那一天教授講述的是釜石的孩子們是如何採取行動、震災前又是如何接受防災教育。前來聆聽演講的有企業的經營者、上班族、團體幹部、律師等，這些人的職業全都跟學校防災沒什麼關係。但他們對於釜石的防災教育卻非常關心。

演講中片田教授展示了危害度預測地圖，一邊這麼說：

「危害度預測地圖僅是就單一情況預測。要是海嘯發生個一百次，難道會一百次都長得一樣嗎？對於這種預測大家會準備好應對的指南，準備好如果怎麼樣就應該要這麼做。的確有了這層準備會預防到一部分狀況，但光只有這樣並不是萬無一失。

「我是這麼教導釜石的孩子們的：不要受限於預想，盡全力逃跑非常重要。對於保全自己性命這件事，主動是非常重要的。這是非常簡單的一段話，並沒有提到太難的事。而那一天，孩子們就是按照這些原則採取行動。」

在場的人們專注側耳傾聽，並做著筆記。

震災後片田教授收到的演講邀約蜂擁而至，但最近特別顯著增加的，卻是來自企業的邀約。金融機構、製造業大廠、食品廠商、鐵道公司、醫院——業種非常多樣化。

有某位銀行相關人員對片田教授這麼說：「雷曼兄弟破產對金融界而言就是三一一強震。預想外的危機並非只有自然災害啊。」

的確，危機會以各式各樣的形式降臨。也許會以雷曼兄弟破產或歐債危機之類的經濟危機形式出現，也或許會以運輸意外或傳染病的形式出現。面對遠遠超過預想的危機時，關鍵並非等待該怎麼做的指示，而是能否自律性地採取行動。釜石的孩子們從他們所接受的防災教育中抓住了這個提示，而想要將這個提示運用在危機管理上的風潮，如今在各領域擴散開來。

JR東日本的苦澀經驗

最快注意到「釜石奇蹟」的，是JR東日本的工會（JR東工會）。二〇一二年六月，他們招聘片田教授擔任講師舉行讀書會，以釜石的孩子們所展現出的「對危機的處理能力」為參考，重新修訂安全指南，運用人才培訓等，持續致力於強化組織體制。

JR東日本由於日本三一一強震，包括新幹線設備等設施都蒙受巨大損害。其中沿著太平洋沿岸行駛的八戶線、山田線、大船渡線、氣仙沼線、石卷線、仙石線、常磐線這七個路線區域都呈現毀滅狀態。甚至像是常磐線的坂元站、新地站、仙石線的野蒜站，連整個車站都被沖走。

儘管出現這樣物體上的災害，但行駛中的列車，卻奇蹟似地沒有任何乘客或乘務員罹難。

為了要將這個成功經驗運用在未來的安全對策上，JR東工會以一萬一千兩百一十七名工會會員為對象進行問卷調查，決定要查證到底是什麼原因拯救了人們的性命。

這份問卷調查的結果，卻點出了出乎意料的事實。之所以沒有任何罹難者出現，並非是「拜平日訓練所賜」，也不是「運輸指令中心下達了正確指示」，而是由無數個「偶然」堆砌而成的結果。這是只要一步錯，造成嚴重人命損傷也不令人意外的狀況。

例如行駛岩手縣大船渡市的大船渡線，從大海近在眼前的大船渡站發車一分鐘後，地震發生了。緊急停止的列車接收到來自運輸指令中心的指示：「將乘客就近引導至附近的大船渡小學避難。」

然而當時乘客當中有人提議，「比起大船渡小學，大船渡中學位於高臺上比較安全」，駕駛員迷惘了。因為如果不遵從公司指示而自己判斷採取行動，要是發生個什麼萬一也許會受到處分，一起在車上實習的駕駛員也問：「可以不遵從指示嗎？」

但此時的這位駕駛員，剛好是長達十三年間負責大船渡線乘務的老手。他已經牢牢記住這條路線區域的特徵，判斷乘客的意見較為妥當，於是決定與二十多名乘客一起往大船渡中學跑去。

之後海嘯一直侵襲到大船渡小學一樓高度，由於所有乘客全都前往大船渡中學，因此平安無事。

行駛於宮城縣東松島市的仙石線也是同樣情況。運輸指令中心按照指南下達就近前往附近小學避難的指示，但因為聽從熟知當地情況的乘客建議，「列車停下來的地點海拔較高」而留在列車上逃過一劫。

無論是哪個事例，要不是剛好遇上執行乘務的駕駛員正是當地人，要不就是對當地地理位置非常熟悉的乘客剛好在車上，都是被「幸運之神」眷顧，才得以逃過最糟的情況。

甚至於最讓JR東工會愕然的是，對於「乘務中的避難場所」相關問題的回答結果。回答「充分了解避難場所」的人僅僅只有百分之〇點九，回答「有所了解」的為百分之三點九，「大致上了解」為百分之十一點六，總和起來不過百分之十六點四。另一方面回答「不太了解」、「不了解」的結果高達百分之八十點三。

也就是說，這個結果顯示一旦發生災難，幾乎所有員工都無法判斷到底該前往哪裡避難。

另一方面，震災過後也發現負責發出避難指示的這一方，也陷入無法處理危機的狀況。

位在仙台的運輸指令中心，在發生異常時首先會確認列車，掌握乘客人數及有無傷患，瞭解這些基本資訊的當下再決定救助方式。

但在日本三一一強震的情況下，從一開始就無法確認列車位置。停電後無線電無法聯繫上，行動電話也沒有訊號，就連JR自有的電話網絡（稱做JR電話）也有部分車站斷線，根本無法確保通訊方式。運輸指令長回答：「當天要下指令也無能為力，只能憑藉現場的力量。」

在JR東日本的管轄範圍內，一直有未來可能會發生「東京首都圈直下型大地震」這樣重大災害的疑慮。在東京首都圈，JR一天的搭乘人數總計一千七百一十萬人次。到底要怎麼做才能保護為數眾多的乘客性命呢？為了讓東北各路線區域內發生的「奇蹟」不要就只是個「奇蹟」，到底什麼是必要的？

在這樣的危機意識中，JR東工會注意到的就是釜石的防災教育。出席片田教授讀書會的JR東工會政策調查部長的中山透先生對我們這麼說：

「不管指南再怎麼修正，一旦在緊急時刻還是有可能發揮不了任何作用，這是我們從自己的經驗中深切感受到的。那麼到底該怎麼做才好？在不斷反覆討論中成為提示的，就是片田教授所說『培育出面對危機的態度，並傳承逃跑文化』。為了保全乘客的性命、夥伴的性命以及自己的性命，不能依賴公司，而是要從可以做起的事情開始做，這是我們做出的結論。」

在釜石得到啟發的「現場勘查」

震災發生一年後，為了將從釜石防災教育得到的啟發轉而孕育出嶄新的「安全文化」，JR東工會的工會會員們決定進行「現場勘查」。

無論是駕駛員或車掌，對於乘務路線區域內的車站建築及信號器等等能從鐵軌看到的設施都相當熟悉。但另一方面，對於車站周邊以及車站與車站間的地理狀況，幾乎所有的員工都一無所知。因此他們決定實際走下電車，從道路觀察自己的路線區域。

東京地方本部的現場勘查是在JR橫須賀線進行。JR橫須賀線一年載運超過一千八百萬人次造訪鎌倉的觀光客。乘客當中有不少人對地理環境毫不熟悉。要怎麼做才能將這類乘客安全迅速地引導前往避難呢？現場勘查以鎌倉站、逗子站等車站為中心，一共進行了十四次，共五百八十名工會會員參加。

鎌倉在西元一四九八年（明應七年）曾發生「明應大地震」，留有的史料顯示當時海嘯曾抵達大佛殿。若是發生相同規模的地震，預測將會有最大十四點五公尺的海嘯朝鎌倉市席捲而來。為了在災害時發揮作用，鎌倉站票口前的「大海嘯發生時避難地圖」，標示出車站周邊的三個避難場所及通路。這個標示是「鎌倉站獨創的作法」，這在JR東日本的公司刊物也曾被報導過，說是相當先進的作法。

但進行現場勘查的結果，卻發現這個避難地圖中存在「盲點」。按照引導，實際前往距離車站最近的避難場所「御成中學」，卻必須朝著海邊前進。而且道路錯綜複雜十分狹窄，前往御成中學的通路不但難以理解，途中也會經過海拔比車站低的地點。

再加上雖然標示為「鎌倉站獨創的作法」，但實際上緊鄰的江之電早已標示了避難地圖，JR東日本的作法無論態度或內容都比別人慢了一截。

根據現場勘查的結果，鎌倉站決定考慮將避難引導地點從御成中學改為距離較遠但海拔卻逐漸提高的「源氏山」。

逗子站也有同樣的發現。逗子站張貼著鎌倉市製作的淹水預測地圖。根據這份地圖，逗子站的指定避難場所為「聖和學院第二運動場」。

但JR員工所持有的「乘務員指南」中，逗子站的避難場所被指定為「久木小學」和「聖和學院」。也就是說車站張貼的地圖和指南當中的避難場所完全不同。

在現場勘查中實際前往這些避難場所做比較，張貼在車站的「聖和學院第二運動場」由於位處高臺、海拔也高，是安全的地點。另一方面經過現場勘查也瞭解到乘務員指南當中的兩個避難場所，雖擁有被指定是「海嘯避難大樓」的高層建築物，但比起聖和學院第二運動場不但距離較遠，且海拔也低。實在沒有必要特意前往費時又危險的地點，因此決定在逗子站的避難引導地點之一加入聖和學院第二運動場。

再加上逗子站正前方就有可以爬上海拔二十八點六公尺的高臺。不過高臺一帶由於是住宅區，不適合一次引導太多乘客前往。即使如此，還是能夠當作臨時避難場所的選項之一，JR人員在進行現場勘查、演練引導乘客的相關作法時，似乎和當地自治會的人談定了。

JR東工會察覺到，要是只依賴公司的指南或指令，就無法保全乘客及乘務員的性命，因而積極進行現場勘查。在靠自己發現問題點，並討論解決方案的過程中，「緊急情況發生時必須仰賴自律性的判斷」這樣的自覺也開始萌芽。藉由大家共有危機意識，也有提高職場凝聚力的效果。

「人口密集的東京首都圈出現重大災害時，我們無法想像會發生怎麼樣預想外的狀況。在這種狀態下，能否保全乘客的性命，我們認為最終還是與每一位員工自律性地採取行動有關。為了要讓JR東日本的『奇蹟』能『貨真價實』，今後我們也計畫持續不斷討論。」中山先生如此告訴我們。

富士通員工的反應

防災教育的成果，只有在緊急情況時才會發揮作用，在日常生活中幾乎無法看見其成效。因此即使說要「致力於防災教育」，也很難從周圍獲得贊同，要能持續下去必須仰賴格外堅強的信念與努力。片田教授的熱情，及回應這個想法的孩子們的態度，在釜石經過八年時間持續努力，最後換得「奇蹟」。透過瞭解這個故事，也開始有企業思考著是否能藉此創造組織的活力。富士通就是其中之一。

這一切的契機開啟於二〇一一年的夏天，富士通Computer Technologies的菊池伸行社長（時任）前往聆聽片田教授的演講。

菊池社長說：「一開始應該是出版社所企劃的活動沒錯。當我聽完釜石發生的故事深受衝擊，覺得這一定要讓我們公司的員工都聽聽看才對。於是我馬上告訴公開研討會的負責人，表示希望舉辦演講會。」

富士通從二〇〇二年開始每個月一次，以「FUJITSU大學公開研討會～思考人類～」為題舉行研討會，以啟發自我為目的。所有富士通集團的員工，只要支付一千日圓的學費，無論是誰都能自由參加。目前為止前來擔任講師的，包括學者、音樂家、探險家、體育選手、聲優等，各行各業活躍在第一線的傑出人員名字均入列。

由片田教授演講的研討會，在震災隔年的三月十二日舉行，聚集了大約三百位聽眾。演講題目是「突破預料之外的狀況生存下來的力量：釜石孩子們所帶來對未來的希望」。片田教授除了講述他是以怎樣的想法對釜石的孩子們進行防災教育，也提到教導了孩子們哪些事情。雖是針對企業的演講，但內容卻和商業完全無關。即使如此，聽眾還是被深深吸引，沉浸在這樣的話題中。

根據演講之後的問卷調查，這場演講的「受用度」在滿分五分的標準下拿到了四點九四分，創下有史以來最高的分數。負責研討會企劃的FUJITSU大學商業人才開發企劃人員的坂本美奈小姐提到，「要打破這個紀錄恐怕很難」。

問卷的自由填寫區內，寫著滿滿的感想：

「我感覺奇蹟並非自己發生，而是被喚起的。只要能每天持之以恆訓練，就能喚起奇蹟。」

「不受限於預想、盡全力逃跑、成為率先避難者！我瞭解到無論是對於防災的思考方式、或對公司工作的思考方式，基本上都是共通的。」

「教授您對於漠然無感的人並非只感到吃驚或放棄，而是藉由努力、苦心和智慧打開溝通管道，我在對教授感到尊敬的同時，也想要學習效法。」

「我之前曾聽過釜石的防災故事，但在現場聽到還是非常震驚。這對於公司的安全措施和產品測試都非常有助益。」

「我學到了在現今這個時代，要如何以一個像樣的人生存下去的態度。」

「這次聽了演講，深刻感受到電腦業界對於安全管理、風險管理、安心、安全的口號也過度形式化了。」

翻閱聽眾的感想，我們瞭解到從片田教授的演講中，大家各自感受到的共通訊息。

菊池先生認為藉由瞭解「釜石奇蹟」，正是可以藉此修正自己的機會。因為「希望能讓更多員工聽到」，二〇一二年九月，聚集富士通Computer Technologies全公司上下五百名員工，再次舉行了片田教授的演講會。

員工當中產生的變化

以「釜石奇蹟」為契機，富士通Computer Technologies的員工與災區的孩子們之間，也產生了全新的交流。而透過這樣的連結，年輕員工也開始有了變化。

震災後，菊池先生思考著作為企業該要對災區提供什麼樣的支援。一開始採用募款等方式，但他卻思考著難道沒有其他更不一樣的形式能夠做出貢獻嗎？就在這個時候，他聽到片田教授在演講中提到，「孩子們存活下來這件事，就能增強對重建復興的熱情」，於是想到「就對擔負起未來的孩子們展開支援吧」。於是從二〇一二年十二月開始，每個月一次在岩手縣內各地舉行「震災復興支援——家庭機器人教室」。

第一次是在盛岡市舉行。雖然討論要在沿海地區舉辦，但由於無法確保場地，因此轉向內陸地區。第一次活動，從小學三年級到六年級的十六個孩子，以及家長十四人，共有十六組親子參加。

教室中首先是由孩子們利用用作教學的整套零件，組裝出自主型機器人。之後將以電腦製作的程式下載到機器人上。等到能夠完成「直線往前走」、「慢慢旋轉」等基本動作之後，接下來就是使用光感測器，識別黑與白，進行所謂「循跡自走」的認真的程式設計作業。

富士通Computer Technologies公司方面，每次都會派出六名年輕員工參加，擔任教練指導孩子們。由於成立這個教室的目的，是「藉由思考動腦，讓孩子們體會製作物品的樂趣」，因此原則就是就算孩子們無法順利進行，也不能告訴他們答案。要怎麼做才能引出孩子們的幹勁並企圖解決問題？這也能測試出年輕員工們的本領。

順利完成程式設定之後，最後所有人讓機器人以速度和動作精確度進行競賽，然後結束課程。所有的作業需要花費三小時左右。

教室開始前，大家雖然擔心「因為是小學生，專注力大概維持一個半小時左右就差不多了吧」，但實際上這三小時卻是轉瞬即逝，孩子們沒人覺得不耐煩，直到最後一刻都很認真地操作。

舉行「家庭機器人教室」的富士通Computer Technologies公司方面，也獲得了各式各樣的好處。目前五百名員工當中的一百人，已經登記為「機器人教室」的教練。他們會利用工作的空檔進行機器人教室的準備，也為了能以小學生容易理解的方式教導程式設計，員工主動開設了「教練講習」等活動。

參加機器人教室的員工所寫下的「體驗記」，在官網上也能看得到。即使與孩子們一同陷入苦戰，但無論哪個員工，卻都覺得能從中得到在公司業務裡無法獲取的寶貴經驗。一位員工說道：「機器人教室是個讓我們獲得感動，並感受到成長的地方。」

菊池先生說：「一般性的業務時常容易流於墨守成規，但透過指導小學生的經驗，我認為能夠磨練員工的創造性和溝通能力。這絕對會為本業帶來好的影響。」

直到二〇一四年十一月為止這段期間，岩手縣內的「家庭機器人教室」已經舉行了三十次，共六百二十八組親子參加。富士通Computer Technologies目標要持續舉辦活動直到一千組親子參加為止。

「經營學之神」分析「釜石奇蹟」

有位人士將釜石的防災教育評價為「危機管理的本質」，他就是一橋大學名譽教授野中郁次郎先生。

野中教授以「知識創造經營」理論之父聞名全球，是日本代表性的經營學家，他也在二〇〇八年被《華爾街日報》（*The Wall Street Journal*）評選為「當代最具影響力的商業思想家（The Most Influential Business Thinkers）」前二十名。他著有組織理論及領導力理論相關多部著作，像是舉出日本軍隊在組織上失敗的《失敗的本質》一書（失敗の本質，一九八四年鑽石社出版）、解說在戰場上領導力可能造成形勢逆轉的《戰略的本質》（戦略の本質，二〇〇五年日本經濟新聞出版社出版）、以及比較八〇年代具代表性的國家領導人以探索國家經營本質的《國家經營的本質》（国家経営の本質，二〇一四年日本經濟新聞出版社出版）等，無論哪本著作都廣受商業人士喜愛，被稱為「經營學之神」。

我們得知野中教授對於釜石的防災教育有著高度評價，於是向他提出採訪申請。因為出差出國或在國內進行演講活動等，簡直是在分秒必爭的行程夾縫中求生存，教授特別撥冗在辦公室接受我們的採訪。

野中教授認為多數日本的組織由於「過度分析」、「過度計畫」、以及「過度服從」，個人的意志決定及判斷受到束縛，導致無法主動採取行動。

另一方面，對於片田教授所主導的防災教育當中，教導了孩子們為了在釜石生活而必須學習的「規範」，換言之也就是深化「生活方式的教育」，野中教授有著極高評價。這種教育法可以創造出僅僅提供客觀資訊的傳統教育方式絕對無法培育出的「主觀」，讓個人在考量周遭個別關係的同時採取自主性行動。野中教授說，這無疑就是「經營管理的本質」。

野中教授表示：「我專攻經營學，也就是所謂的經營管理。一般都認為經營管理是一門『科學（分析）』，但事實上並非如此。它也有『藝術（直覺、感性）』的面向，兩者取得平衡非常重要。我觀察片田先生在釜石的作法，實際感受到在防災教育方面，也有必要將科學與藝術統合。

「平常防災教育也被視為是一種科學。因為防災教育是將過去定量的數據客觀分析，進行某種程度的預測未來，然後教導指南手冊般的內容。但透過日本三一一強震我們可以清楚看到，給予預想海嘯災害的危害度預測地圖或指南等，只會讓人被侷限住，無法思考除此以外的情況。以過去的分析為基礎的科學知識，

一橋大學名譽教授野中郁次郎

規定未來災害的上限值，但這在無法想像會發生什麼狀況的大自然之前根本毫無作用。

「如同危害度預測地圖這樣被形式化的知識，雖然可以客觀地檢視，但正因這樣會產生『事不關己』的問題。相較之下片田先生培育孩子們之間愛著鄉土的心和重視傳統的心意，正向面對生存這件事，讓孩子們擁有主動的態度。

「釜石的人們享受大海的恩惠生活著，但海洋也帶來海嘯的風險。教導孩子這相對的利與弊，作為在釜石生存的『規範』的防災教育，換言之就是進行『生活方式的教育』。這項教育教導的並非填鴨形式化的知識，而是進行能夠以自己的經驗值為基礎判斷並行動的生動教育。

「在灌輸容易流於『事不關己』的形式化知識之前，先教導作為『自己的事』，培育對釜石的鄉土之愛、這樣感性的藝術面，我認為這是源於片田先生對人類深刻的洞察。」

野中教授也注意到利用「親子之間的牽絆」，形成地區防災體制這一點。「日本自古以來人類的生存方式，就有一種道德感是把為了拯救他人不惜犧牲自我的利他主義視作一種美德。家人之間的牽絆就是一種發揮到極致的表現。父母犧牲自己拯救孩子。但當海嘯來襲時卻因為這樣的道德感導致眾多生命被奪去，所謂的牽絆造成一家人全都喪命。

「此外，當人類面臨危急時刻，也會產生所謂『正常化偏見』的心理作用。會認為『我不會有事的』、『現在還沒問題』等，拖延危機處理，不想認真面對。對於這個狀況，片田先生教導大家自己對自己的性命負責，所有家人之間建構互信關係。要相信家人，首先對自己的性命負責，由自己率先逃跑。這是『海嘯來時各自奔』真正的意義，也讓我對於先人的智慧感到佩服。我認為能夠保存到現代的傳統，其實就是真理了。

「再加上孩子們不只能夠做到自己去避難，也能協助他人避難，這也是『自助人助』的認知轉換作法。釜石某個中學，用竹竿做擔架，讓學生們體驗搬運傷患的訓練等，在實踐避難方法的同時也讓學生們思考。藉此孩子們將知識『身體力行』，學會靈活且柔軟應用『實踐智慧』。

「接著孩子們再將自己所體驗到的、學到的告訴家長。片田先生所實踐的，就是透過教育孩子們，結果最後讓家長也學會。由於保護孩子性命是地方上最關心的事，因此彼此共享內容，可以說集體的實踐智慧也醞釀成為地區的共同智慧。在危機意識薄弱的釜石，是如何讓防災根深蒂固成為地區文化的呢？片田先生對理解前後邏輯的洞察力也非常完美。」

「防災教育不只侷限在溝通設計，重視建立共識這一點也是非常重要的。建立共識和生活方式有關，並無法藉由單純強推知識就能夠達成。要站在對方的觀點、全方位面對彼此，觸及內心的微妙之處，將彼此得到的內隱知識(以經驗或直覺為基礎的知識)以言語再建構，不斷反覆對話是必要的。這種建立共識的方式也是感性的『藝術』的世界。

「『科學』雖然追求規則化或形式化，但在災害中要迅速判斷什麼才是最佳策略並且採取行動的時候，能發揮作用的，是憑藉瞬間的判斷，也就是『藝術』、所謂的直覺。釜石的孩子們平常藉由對災害進行思考，並徹底進行避難訓練，才能夠在危急時刻即興式地做出判斷並採取行動。

「釜石的防災教育並非單純只教導孩子『應該要這麼做』，而是教導他們『為什麼應該要這麼做』這樣的本質。目前的教育往往容易流於偏重分析性、客觀性的外顯知識教育，但重要的是要將實踐與分析兩者結合，也就是將『科學』與『藝術』無論到哪裡都相結合。

「釜石的防災教育具有普遍性，觸及防災的本質、教育的本質，以及管理的本質。要說生存這件事本身就是一種危機管理，其實並不為過。從這個本質展開教育，對我們來說，也可以說是給了我們莫大的教訓吧。」

從野中教授的這番話中，不正是說明了所謂的防災教育並非單純只是教導逃跑的方法，防災教育無非就是讓人瞭解「生活方式的教育」。

後記
迎向未來

震災過後一年四個月的二〇一二年七月二十九日，釜石小學的體育館內舉行了某個活動，主題是「吉本青空花月」。由搞笑藝人訪問災區，透過搞笑展開災區支援活動。不過，這一天的支援活動跟平常的活動相較，意義有些不同。因為企劃這場活動的，是釜石小學的畢業生孩子們。

活動的執行委員長，是第一章我們曾介紹過的寺崎幸季同學。她就是那位在三月十一日跟九個朋友去釣魚，最後跑到高臺避難的女孩。震災後聽說幸季同學情緒低落，心情時常感到鬱悶。那時她只要看到搞笑DVD就會恢復精神。她想到，要是釜石的每一個人也能藉著大笑恢復精神的話，應該就能產生復興重建的力量——就是這樣的想法，讓她決定企劃搞笑現場表演。

會場選在釜石小學的體育館也是有理由的。震災後釜石小學成為避難所，眾多受災民眾在此過著避難生活。幸季同學等六年級學生的畢業典禮也受震災影響而延期，這是因為體育館內塞滿了避難的民眾，實在無法舉行典禮。但居民們卻說了「如果是為了孩子們的重大日子的話（我們願意努力）」就這樣將場地淨空，四月五日就因此能夠順利舉行畢業典禮了。幸季同學一直想著要對居民特地讓孩子們使用體育館這件事表達感謝之意。

隔年二〇一二年四月，已經是中學二年級生的幸季同學，向釜石小學的畢業生們說明自己的點子。最早表達贊成的，是澤田耀介同學，他之所以贊成的理由，是因為「我們新學期分到同一個班級，就坐在斜前方，同時也是震災當天一起去釣魚的夥伴們」。耀介同學馬上就表達贊成，直說：「這個點子很棒耶！」接著他就寫了一份企劃書送到吉本興業[1]。耀介同學的成績是學年頂尖，我們閱讀了他寫的企劃書，真的是無法想像這出自中學二年級生之手，是非常優秀的文章。

他們兩人在二年級各個教室裡張貼企劃書，招募一起幫忙的人手。「不過只是小孩哪能完成什麼活動啦」，在這樣冷淡的反應之中，出聲回應「我來幫忙！」的正是那一天一起去釣魚的夥伴們。

幸季同學說：「大家都跟我說覺得麻煩，或者覺得根本不可能，所以當一起去釣魚的朋友們馬上說『我來幫忙』時，我真的非常開心。」

「那一天的情誼沒有任何改變」，聽說幸季同學感覺受到了鼓舞。

這群孩子向「青空花月」的負責人聯絡數次，終於得到「七月二十九日的話OK」的答案。

幸季同學與夥伴們合作製作手寫門票，再拿著門票一戶一戶拜訪組合屋和當地居民的家。活動宣傳的海報也製作完成了。他們造訪商店、超市、及車站等地，拜託大家說：「這是搞笑藝人的現場表演，我們畫了海報，可以讓我們張貼嗎？」大人們聽到這

1　吉本興業：日本的藝人經紀公司兼電視節目製作公司。旗下搞笑藝人數量多且出名，因此吉本興業也有「搞笑綜合商社」之稱。

些，忍不住覺得「咦～這是你們這群中學生企劃的嗎?!」對於他們的行動力感到驚訝。

從耀介同學還小的時候就看著他長大的一位當地土產店伯伯，因為太過感動，在耀介同學的臉頰上「啾」地親了一下。「哇～初吻耶!!」旁邊的人開始起鬨，耀介同學滿臉通紅，但伯伯說：「這群孩子們未來將會撐起釜石！釜石的未來全都落在這群孩子的肩上了！」他滿懷對孩子們的鼓勵之情，還請他們喝運動飲料。

活動的日子一天天接近，孩子們也開始著手規劃活動流程。

「欸，這個漢字要怎麼唸啊？發起輪？」

「不對啦！是發起人!!」

「『藝人』的藝是草字頭再加上傳說的傳嗎？」

「吼～不要再寫假名了啦！寫漢字啦！」

看著以上事蹟，孩子們的狀況很多。就算不找藝人來，這群孩子們的對話搬到舞臺上也會很好笑。

終於到了七月二十九日，這一天從早上開始就很熱。釜石小學的老師們、小朋友的家長們也來幫忙準備會場。一下鋪蓆子、一下裝設電風扇，無論大人或小孩大家都揮汗進行準備工作。

當四組藝人搭乘巴士抵達學校，所有孩子們都開始全身僵硬緊張了起來。引導藝人前往當作休息室的教室，幸季同學表達感謝之意並說明活動流程。藝人們大家都露出認真的表情聆聽。

下午一點，「吉本青空花月」正式開演。幸季同學在開場時面對會場聚集的一百四十人說了這番話：

「非常感謝大家在百忙之中，今天還撥冗前來。從那一天之後我們即將迎接第二個盂蘭盆節了。從一開始只想拚命忘記那一天，到現在已經漸漸感覺那是不能忘記的一天。

「每當我想到三月十一日那天，浮現在腦中的是要對活著充滿感謝。四月五日原本在這個地方不可能舉辦畢業典禮，卻因為這典禮堪稱是我們一輩子的回憶，因此承蒙大家特別清出場地。對於大家的溫暖心意，還有對於自己身邊所有的人，我都由衷感到感謝。

「未來無論發生任何事，我都會對所有事情滿懷感激，也不會忘記帶著笑容活下去。今天是七月二十九日，我是吉本青空花月執行委員長寺崎幸季。」

這是多麼動人心弦的一段話。

長達兩個小時左右的搞笑表演，當中有知名藝人也有不太具知名度的藝人。但前來觀賞表演的小鎮居民，無不捧腹大笑。一年前充滿悲傷的體育館，這一天始終被開朗的笑聲環繞。「能幫我們舉行這樣的表演真的很感激呢」、「我得到鼓舞了」，大家面帶笑容離開體育館。

整理完會場之後，幸季同學的興奮之情毫無冷卻，她對我們說了這段話：

「大家都笑了。這就是我的目標，所以超有成就感的！要靠只是中學生的我們企劃出搞笑藝人的現場表演，感覺不太可能，幾乎想要放棄了。但因為來幫忙的人都是那天一起去釣魚的夥伴們，所以我覺得我們一定可以一起跨越障礙。

「像這樣大家在會場團結一心，釜石應該也能團結一心。我的頭腦不太好，但希望能一直讓釜石氣氛熱烈下去。」

從震災開始為期一年四個月的拍攝，在這場搞笑藝人的現場表演進入尾聲。回到電視臺，回顧至今出外景拍攝下的拍攝帶，我們重新發現了一件事：

那就是不只在搞笑藝人的現場表演當中，只要有孩子們在的地方就總是充滿笑聲。也許是展現出意想不到的表情，或是做出什麼舉動，無論在多麼痛苦的情況下，孩子們總是擁有讓大人笑逐顏開的力量。

透過在災區的採訪，我們很常感受到，只要有孩子在那裡就有希望。只要有孩子在，大人就能找到活著的目的。即使未來重建復興之路還會耗費很長時間，只要想到「為了孩子們」大人就能竭盡全力鼓起勇氣。

因此我們想在這裡強烈主張，絕對不能讓孩子在災難中喪失性命。

即使是在超乎預期的嚴重災難中，人類也能夠生存下來，這是釜石的孩子們教會我們的。但要培養出這樣的能力，這是我們大人的責任。

我們常聽到有人說：「因為孩子們很單純，所以當大地震來襲，他們就會按照老師教的往高處逃。」但這麼說是不對的。為什麼呢？因為當緊急情況發生，孩子們首先會想要跑到父母或家人的身邊。我們在採訪釜石小學的孩子們時，察覺到那一天許多孩子們比起自己更擔心家人的安危。就算是幼小的孩子，想要保護心愛的家人的心情也是非常強烈的。

為了要讓這樣的感情不再造成被海嘯捲入的悲劇，「自己的生命自己救」這樣的教育是必要的。

釜石小學有首由已故的井上廈先生作詞，非常棒的校歌。

一般提到校歌，內容多是讚揚故鄉之美的作品，但井上先生寫的詞卻完全不同。歌詞中完全沒有提到地名，而是如後述引用的內容那樣與孩子們對話。

釜石小學校歌　作詞：井上廈　作曲：宇野誠一郎

（一）

朝氣蓬勃地活著　朝氣蓬勃地活著

一個人頂天立地　坦率正直地活著

內心煩憂時　抬頭望向天
以星星為目標　坦率正直地活著
一息尚存時　朝氣蓬勃地活著

（二）

清楚明白地表達　清楚明白地表達
不要畏首畏尾　清楚明白地表達
內心煩憂時　不慌且不忙
關於人種種　謹慎細思量
若已細思量　清楚明白地表達

（三）

確實牢牢地掌握　確實牢牢地掌握
真實不虛真智慧　確實牢牢地掌握

內心煩憂時　向前伸出手
摯友的雙手　確實牢牢地掌握
彼此手牽手　確實好好活下去

釜石小學的校歌所傳達的，不正是「教育的本質」嗎？

而當我們在災區進行採訪時，強烈感受到無論身處怎麼樣的狀況，唯有做出正確判斷，學會生存下去的能力，這才是真正的教育。

希望就算多一個人能夠閱讀到這本書也好，能讓更多人認知到防災教育並非單純只是針對災害的對策，而是超越困難的「生活方式的教育」。

本書《311的釜石奇蹟》，是以close-up現代的「我們在大海嘯中存活下來」、「巨大海嘯侵襲小學～石卷、大川小學的六個月～」、以及NHK Special「釜石『奇蹟』——守護生命的特別課程」這三個節目為基礎，彙整原稿。在製作這些節目時，承蒙多方協助。

幫忙協助我們採訪的釜石小學教職員、家長、孩子們、還有釜石的各位；以及片田敏孝教授、野中郁次郎教授、研究室的各位。JR東工會的各位；富士通的各位。還有大川小學相關人士的各位。提供資料的獨立行政法人港灣空港技術研究所的各位。承蒙幫忙我們製作英文版的各位。在彙整原稿時給予我們諸多建議的節目工作人員。製作NHK Special「致我的孩子——大川小學 罹難學童家屬的這兩年」的小笠原卓哉製作人。此外不計較我一再拖稿卻一直支持我的EAST PRESS的藁谷浩一先生、NHK ENTERPRISES的松尾浩司先生。謹在此對各位表達誠摯謝意。

並在此對在日本三一一強震中不幸罹難的所有人誠心祝禱，希望能夠安息。

未來我也將永誌不忘「三一一」這一天，繼續將教訓傳達下去。

二〇一四年十二月於神戶，寫於阪神大地震二十週年前夕　福田和代

製作工作人員一覽

◎NHK Special「釜石『奇蹟』——守護生命的特別課程」

（二〇一二年九月一日播放）

主持人　國分太一　首藤奈知子

出場　今井繪理子　熊田聖亞
三明治人　鶴野剛士
堀智榮美　本田望結
前田前田
（按五十音順序）
片田敏孝

旁白　武內陶子

採訪　松本彌希　阿倍宗平

攝影　加藤覺　俣野周作

聲光　谷津肇

攝影棚聲音　高橋正吾

影像設計　中川泰宣

動畫製作　TMS ENTERTAINMENT

聲音效果　小野沙織

剪接　田島義則

製作人　福田和代

製作統籌　中村直文

◎close-up現代「我們在大海嘯中存活下來」

（二〇一二年一月十七日播放）

採訪　松本彌希
攝影　加藤　覺
聲光　谷津　肇
聲音效果　日下英介
剪接　田島義則
製作統籌　中村直文

◎close-up現代「巨大海嘯侵襲小學～石巻、大川小學的六個月～」

（二〇一一年九月十四日播放）

採訪　茅原毅一朗　山野耕平
　　　佐藤網人
攝影　涌井　洋
聲光　岡戶貴憲
聲音效果　日下英介
剪接　宮本潔隆
編輯主任　但野克典　寒川由美子
　　　　　山崎偵一
製作人　福田和代
製作統籌　中村直文

311的釜石奇蹟：日本大地震中讓孩子全員生還的特別課程
釜石の奇跡：どんな防災教育が子どもの“いのち"を救えるのか？

作者　NHK特別採訪小組（NHK Special Coverage Group）
執筆者　福田和代（FUKUDA, Kazuyo）
譯者　崔立潔
總編輯　周易正
責任編輯　楊琇茹
封面設計　賴佳韋工作室
內文排版　黃鈺茹
行銷企劃　華郁芳、郭怡琳
印刷　崎威彩藝

定價　340元
ISBN　978-986-95462-9-4
2018年2月　初版一刷

出版者　行人文化實驗室（行人股份有限公司）
發行人　廖美立
地址　10049台北市北平東路20號5樓
電話　+886-2-2395-8665
傳真　+886-2-2395-8579
網址　http://flaneur.tw

總經銷　大和書報圖書股份有限公司
電話　+886-2-8990-2588

國家圖書館出版品預行編目資料

311的釜石奇蹟：日本大地震中讓孩子全員生還的特別課程／NHK特別採訪小組作；崔立潔譯.
——初版.——臺北市：行人文化實驗室，2018.02
256面；14.8×21公分
譯自：釜石の奇跡：どんな防災教育が子どもの“いのち"を救えるのか?
ISBN 978-986-95462-9-4（平裝）

1.防災教育 2.地震 3.海嘯

528.39　　107001670